# MUSCULAÇÃO
## ALÉM DO
## ANABOLISMO

2ª EDIÇÃO

INSTITUTO PHORTE EDUCAÇÃO

PHORTE EDITORA

*Diretor-Presidente:*
Fabio Mazzonetto

*Diretora Executiva:*
Vânia M. V. Mazzonetto

*Diretor Executivo:*
Tulio Loyelo

# MUSCULAÇÃO
## ALÉM DO ANABOLISMO

Fique de cara com a realidade que envolve o fisiculturismo competitivo sem meias verdades ou hipocrisia.

- Drogas
- Treinamento
- Nutrição e muito mais

Waldemar Marques Guimarães Neto

Phorte
editora

São Paulo, 2008

**MUSCULAÇÃO - ALÉM DO ANABOLISMO**
Copyright © 2003, 2006 by Phorte Editora Ltda
1ª reimpressão 2008

Rua 13 de maio, 596
Bela Vista – São Paulo – SP
CEP: 01327-000 – Brasil
Tel: (11) 3141-1033
Site: www.phorte.com
E-mail: phorte@phorte.com

Nenhuma parte deste livro pode ser reproduzida ou transmitida de qualquer forma ou por quaisquer meios eletrônico, mecânico, fotocopiado, gravado ou outro, sem autorização prévia por escrito da Phorte Editora Ltda.

**FICHA CATALOGRÁFICA**
CIP- BRASIL - Catalogação na Fonte
Sindicato Nacional dos Editores de Livro. RJ.

G979m
2.ed.

Guimarães Neto, Waldemar Marques
  Musculação : além do anabolismo / Waldemar Marques Guimarães Neto. - 2.ed. - São Paulo : Phorte, 2006
  il.

  Inclui bibliografia
  ISBN 85-7655-030-X

  1. Musculação. 2. Esteróides anabólicos. 3. Esteróides anabólicos - Efeitos fisiológicos. I. Título.

05-1115.           CDD 613.71
                   CDU 613.71

Impresso no Brasil
*Printed in Brazil*

## Agradecimento

A todos àqueles que treinam sério e desejam resultados sólidos. Estes são os camaradas que fazem parte de nossa restrita e dedicada comunidade de marombeiros e as únicas pessoas que me incentivam a continuar a escrever. Este livro é a minha honesta colaboração para vocês.

## Homenagem especial

Muitos atletas na Inglaterra obtiveram êxito em suas carreiras graças ao trabalho apaixonado de Paul Borresen. Paul além de atleta era mestre em bioquímica e um estudioso das variáveis que envolvem o nosso fisiculturismo. Seus artigos e livros serviram de inspiração para que eu escrevesse esta continuação do meu primeiro trabalho, "Musculação - Anabolismo Total" e mesmo para criação dos nossos personagens. Tenho certeza que onde ele estiver, estará feliz pela conclusão deste trabalho.

Paul durante algum tempo auxiliou o grande Mister Olympia Dorian Yates em seu programa de treino e durante esta época, costumava sair de Manchester para passar os fins de semana com Dorian em Birmingham e treinar na Templo Gym, e foi nessas oportunidades que pude conhecê-lo melhor, trocar informações e reforçar o meu respeito e admiração por um camarada sempre solícito e sincero. Ele introduziu o conceito: *The brotherhood of Iron* (A Irmandade de Ferro), que chamo de Irmãos de Maromba. Paul queria a união de todos nós, profissionais, amadores, pequenos, grandes, brancos, negros, jovens e velhos, queria que pudéssemos compartilhar informações e que ajudássemos uns aos outros. Paul nunca se mostrou miserável e egoísta. Eu também valorizo muito esses pontos e creio que temos a obrigação de dar continuidade a esse trabalho.

Muito obrigado Paul, e que Deus tenha lhe reservado um bom lugar.

# PROJETO DE REDUÇÃO DE DANOS "PUXADOR DE FERRO"

O projeto foi idealizado por Roberto Karpstein e Madison Ramos (técnico e atleta de musculação) e conta com a realização da ONG - HUMANAR criada pela Doutora Sandra Batista Flamarion, especialista em projetos de usuários de drogas em geral.

Conta com o apoio do Estado do Paraná - Governo Federal - Ministério da Saúde e UNDCP (programa das Nações Unidas para o Controle Internacional de Drogas).

O benefício mais amplo que o projeto pretende alcançar é reduzir a disseminação do HIV e outras doenças de transmissão parenteral e sexual entre frequentadores de academias de musculação, usuários de anabolizantes injetáveis (UAI) e outras drogas, com ênfase especial na redução de danos entre usuários de anabolizantes injetáveis (UAI), incluindo a troca de seringas.

Outro fator que nos leva a acreditar na necessidade emergente de um trabalho de intervenção comportamental entre usuários de anabolizantes é o crescente número de usuários não entre atletas de competição, mas sim em frequentadores de academias, que treinam sem objetivo e usam anabolizantes injetáveis simplesmente pela necessidade de ficar musculoso a qualquer custo e o mais rápido possível.

Em uma pesquisa feita em Curitiba e região metropolitana, constatou-se que 60% dos frequentadores de academias já usaram ou usam anabolizantes injetáveis ou oral indiscriminadamente.

Nosso trabalho vem sendo realizado através de palestras em Universidades e academias ministradas pelo profissional na área de musculação e treinamento esportivo, Madison Ramos, orientando sobre a redução de danos em usuários de anabolizantes injetáveis (efeitos colaterais, benefícios do uso, exames clínicos para monitoração dos usuários e o risco da reutilização de seringas).

Em Curitiba temos cinco postos onde os usuários de anabolizantes podem trocar seus kits (contendo 3 seringas de 3ml, 3 agulhas de 25x6, 3 agulhas 13x4, 3 swabs e 3 preservativos).

**"Este é um projeto digno de respeito e que vale ser implantado".**

# Sumário

**Introdução**
A alquimia veio antes da química ............................................................. 1

**Capítulo 1**
A guerra metabólica .................................................................................. 5

**Capítulo 2**
Os homens bombados a óleo ................................................................. 13

**Capítulo 3**
Os tetas de cadela e os anti-aromatizantes ........................................... 21

**Capítulo 4**
Os pró-hormônios e outros "ônios" ....................................................... 25
    DHEA (diidroepiandrosterona), 27
    4-Androstenediol, 28
    4-Norandrostenediol, 28
    TRIBULUS TERRESTRIS, 28

**Capítulo 5**
A "viagem" dos esteróides ..................................................................... 31

**Capítulo 6**
Os "perigos" envolvendo o uso dos esteróides ................................... 41
    Calvíce, 47
    Hipertrofia prostática, 47
    Acne, 47
    Agressividade, 48
    Hipertensão, 48
    Limitação do crescimento, 50

Aumento do colesterol , 49
Virilização em mulheres, 49
Ginecomastia, 50
Dor de cabeça, 50
Impotência e esterilidade, 50
Insônia, 51
Hepatotoxicidade, 51
Problemas de tendões e ligamentos, 51
Câncer, 52

**Capítulo 7**
**A poderosa e por vezes perniciosa Insulina..........................55**

**Capítulo 8**
**O Mistificado GH..........................65**

**Capítulo 9**
**Os ciclos..........................73**
Ciclo curto, 78
Ciclo médio, 78
Ciclo longo, 78

**Capítulo 10**
**Ciência *antidoping*: uma ciência longe de ser precisa..........................81**

**Capítulo 11**
**Gordo é o seu pai!..........................91**

**Capítulo 12**
**A Nutrição começa na mente, não no estômago..........................109**

**Capítulo 13**
**Refeição ou colação?..........................119**
Sugestão de dieta para aumento de massa muscular, 121
Consideração importante sobre o uso de suplementos, 126
Sugestão de dieta para definição muscular, 127
Sugestão de dieta pré-competição, 129
Proposta de dieta a uma semana da competição para atleta nas
    condições anteriores, 131

**Capítulo 14**
**Suplementos alimentares, 135**
    Complemento vitamínico mineral, 137
    Whey Protein, 138
    Proteína da soja, 139
    Albumina, 140
    Creatina, 141
    Gorduras essenciais, 142
    Refeições líquidas, 142
    Sports Drinks, 143
    Aminoácidos de cadeia ramificada (BCAAs), L-leucina, L-valina
      e L-isoleucina, 144
    Glutamina, 144
    HMB (Beta-hidroxo Beta-metilbutirati), 145


**Capítulo 15**
**No pain no gain, 147**


**Capítulo 16**
**Treino ou aula?** ............................................................................. 155


**Capítulo 17**
**O Treino** ........................................................................................ 159
    Treino para parte anterior da perna e panturrilha (MMA), 167
    Treino para Dorsal e Deltóide Posterior (MMB), 169
    Treino para parte posterior da perna, panturrilha (MMC), 170
    Treino para Peito e Ombro (MMD), 171
    Treino para bíceps e tríceps (MME), 172


**Capítulo 18**
**O mundo assombrado por Kate Moss e pela Feiticeira** .................. 173


**Últimas palavras** ........................................................................... 181
**Literatura recomendada** ............................................................... 183
**Sites recomendados** .................................................................... 183
**Galeria de fotos** ............................................................................ 184
**Contato** ......................................................................................... 192

# Apresentando

Eu e meu amigo Cláudio Chiyo criamos quatro personagens que irão divertí-lo, mas principalmente fazê-lo pensar a respeito dos entrames que envolvem o mundo da musculação.

**Super Anabolic**, como seu próprio nome diz, deseja que você anabolize e principalmente preserve sua saúde.

**Catabolic Bastard** puxa pelo lado do mal e não deseja o bem de ninguém, talvez nem o seu próprio.

***Carl***, nome dado em homenagem a um de meus melhores amigos na Inglaterra, é o bom atleta que procura fazer tudo no sentido anabólico, treinando com intensidade, alimentando-se corretamente e sempre mantendo-se informado.

***Shot Maniac***, um tolo que infelizmente representa um grande número de atletas mal orientados, obcecado por si mesmo e sofrendo de vários efeitos colaterais em função da utilização de procedimentos obscuros, não consegue sequer enxergar a mediocridade de sua aparência, que dirá de seu comportamento.

# Introdução

## A alquimia veio antes da química

Quando escrevi o meu primeiro livro, Musculação Anabolismo Total, não tinha idéia de quanto poderia colaborar com aqueles ávidos por informações. A minha idéia era tornar as pessoas mais próximas daquilo que acontece no mundo do fisiculturismo internacional, pois a maioria não tinha a mínima idéia sobre nutrição, treino e o uso de drogas. Sempre considerei o público de Academias neste país -

que desejava resultados sólidos e não um *playground*, realmente assombrados pelo terrorismo e mentiras descabidas de alguns profissionais da área das atividades físicas - totalmente amadores e enterrados em pensamentos repressivos. Nunca tive a intenção de abranger o universo acadêmico, mesmo porque sabia que daí sairiam as principais críticas em função das idéias "não científicas" expostas no primeiro livro. Muitos acadêmicos e professores, ou a sua maioria, rejeitam tudo que não tiver uma pesquisa científica atrelada, como se fosse possível explicar todos os acontecimentos do Universo dessa forma. Estes não perceberam que para a maior parte dos eventos do Universo não temos uma explicação.

Procuro me servir bem da boa ciência, mas com cuidado porque nem toda ciência é boa ciência, e logicamente mais cuidado ainda, com conhecimentos vindos do saber popular ou do *underground*. É preciso estar perto de onde as coisas acontecem para se informar. A maioria dos conhecimentos desse tipo advém da tentativa e do erro, mas se formos espertos o suficiente, não teremos que passar pelo caminho das pedras como os pioneiros.

Há um "velho ditado" que diz: *Pessoas burras nunca aprendem, pessoas inteligentes aprendem com a própria experiência e pessoas sábias aprendem com as experiências dos outros.*

Portanto, podemos buscar informação com quem mais conhece. Nesta área, essas informações estão difundidas entre aqueles que estão no topo do mundo, ou seja, os atletas profissionais de destaque. Agora, não pense que ao fazer um curso com o "Mister Planeta" terá todos os segredos revelados, pois perderá tempo, este pessoal vai a seminários contar a história de sua trajetória e às vezes fazer pose para as fotos. Valerá a pena pagar para ver uma dessas feras se você for um fã, mas terá que estar bem mais perto para realmente se informar. Porém, o mais importante: terá que sentir na pele as agruras dos desafios do treino se realmente quiser saber sobre musculação. A nossa atividade é eminentemente prática.

O conhecimento do *underground* é como alquimia. Vejam que a alquimia veio antes da química, como a astrologia surgiu antes da astronomia. Alguns dizem que o charlatão sempre vem antes. Mas podemos chamar de charlatão aquele que obtém resultados reais?

Conheço alguns idiotas das atividades físicas que se recusam a ouvir qualquer coisa vindo do fisiculturismo, mas se esquecem que a qualquer hora poderão se deparar com a necessidade de colocar seus atletas numa sala de musculação, e não terão a mínima noção do que fazer. Menosprezando o fisiculturismo de alto nível, estão perdendo uma grande fatia do bolo. Agora, não serão estes os verdadeiros charlatões ao prescrever exercícios arriscados, ineficazes, desnecessários e até execuções ridículas aos seus atletas em uma sala de musculação?

Outros são tão obcecados por algumas dessas aulas de sala, que mais parecem produção em série, que não conseguem ver mais nada. São como robozinhos cheios de trejeitos e caretinhas estúpidas pré-concebidas. Esse povo contradiz o principal e mais básico dos princípios do treinamento que é a individualidade biológica ao encher salas com aulas empacotadas.

De qualquer forma, que se danem eles todos, eu é que não desejo e nem preciso esclarecer a essa gente que normalmente acredita que essas aulinhas são o *must*, outros são da opinião que o melhor é correr ou nadar. Acreditem no que quiserem, mas não nos encham o saco. Uma vez, quase fui exorcizado por alguns nadadores porque os chamei de focas. Disse e digo de novo, se alguém deseja ter um espesso cobertor de gordura sob a pele e o físico de esfiha ou parecido com uma foca, é só passar bastante tempo na água e comer bastante sardinha. Natação é uma ótima atividade, mas não é a melhor para delinear o seu corpo.

Não iremos mudar o mundo e fazer com que todos passem a nos admirar, mesmo porque toda unanimidade é burra e desinteressante, mas precisamos ter as devidas respostas quando somos criticados por alguns espertinhos.

A nossa comunidade já é pequena, por isso precisamos nos unir, não em torno de uma obsessão, mas de um estilo de vida saudável e correto.

Este material é a minha mais nova contribuição, cheia de informações e histórias reais que poderão auxiliá-lo, não a montar um ciclo de drogas, mas sim a ter consciência ao tomar decisões. Portanto, leia na íntegra.

Observação: Os nomes das pessoas mencionadas nas histórias foram modificados para preservar suas identidades.

Aproveite a leitura

Informação é poder!

# CAPÍTULO 1

# A GUERRA METABÓLICA

O metabolismo pode ser definido como um conjunto de transformações fisiológicas experimentadas pelas substâncias introduzidas no organismo ou nele formadas. Dividimos o metabolismo em anabolismo, fase sintética ou de construção do metabolismo e catabolismo, que é a fase de desassimilação ou destruição.

É surpreendente como a maioria dos homens maduros mantém um grande equilíbrio desse processo e se mantém fisiologicamente quase imutáveis durante anos, salvo o processo natural de envelhecimento. Isso se deve à homeostase, capacidade do nosso organismo de manter as coisas equilibradas mesmo quando profundas alterações são impressas interna ou externamente. Mas também podemos pensar em nosso sistema como sendo muito sensível a mudanças. Dependendo do sistema bioquímico, diminutas alterações podem ser mortais e outras de fácil reajuste.

Se um soldado se perde nas montanhas durante uma operação no inverno, o seu corpo, após algum tempo, passa a provocar tremores a fim de elevar a temperatura corporal; os seus vasos se retraem da superfície para prevenir a perda de calor e os cabelos se arrepiam para manter uma camada de ar quente em torno da pele. Isso é a homeostase em ação. Se o soldado encontrar abrigo quente em meio à montanha ou for resgatado pela sua patrulha, progressivamente sentirá o seu sistema se desarmando até que as coisas voltem ao normal, isso novamente é a homeostase. Mas, se desafortunadamente, a exposição ao frio nas montanhas se prolongar, o sistema homeostático pode falir, o corpo não mais irá reagir e o soldado depois de mais algum tempo irá parar de tremer. Para os desavisados isso pode ser sinal de melhora quando na verdade é um passo muito próximo para morte por hipotermia, pois o corpo não estará mais reagindo. Fim da homeostase.....

Vejam que o organismo humano lutará arduamente, mas para tudo existe um limite. Devemos aprender a ler os mecanismos que regulam o nosso organismo, para podermos administrar corretamente os nossos ganhos. Na verdade, se durante um determinado tempo o anabolismo ganhar apenas em 1% do catabolismo, estaremos garantindo um crescimento sustentado e sólido, mas é bom que saibamos que é impossível ganhar o tempo inteiro, porque assim logo morreríamos. Ninguém pode crescer indefinidamente, como carregaríamos uma quantidade indefinida de massa muscular sem sobrecarregar absurdamente o sistema cardiorrespiratório, seria mais ou menos como a impossibilidade de viajar a velocidade da luz, segundo a fórmula de Einstein, o corpo assumiria massa infinita. O que devemos é criar estratégias inteligentes para oportunamente driblar o sistema homeostático no sentido anabólico, esse é o grande segredo do treinamento esportivo em alto nível.

Não foram poucas as vezes que repórteres mal preparados me procuraram para entrevistas. Normalmente querem me pegar com perguntinhas do tipo: você faz uso de anabolizantes? A resposta é claramente um sim, normalmente digo que os melhores anabolizantes são o treino e o alimento.

O treino estimula o crescimento, porém muito treino acaba provocando os chamados sintomas de sobretreinamento, tais como, insônia, muita dor muscular e inapetência. Na verdade seu corpo está sinalizando que o treino foi excessivo. É a homeostase em ação que foi quebrada no sentido catabolítico, ou seja, negativo. Daí, alguns desavisados acabam por tornar o problema pior quando passam a utilizar estimulantes a base de ephedra, cafeína e outros mais. A Mãe Natureza, então, se encarregará de encerrar o processo com a ocorrência de inflamações, lesões e grande liberação do catabolítico, cortisol e dos cancerígenos radicais livres.

Não entendo como ainda tem gente que insiste em sessões de treino intermináveis.

Camarada, se você deseja ser um indivíduo catabolítico, mantenha suas sessões de treino bem prolongadas, de preferência por dois períodos no dia, perca refeições, fume bastante, perca horas de sono e utilize bastante bebidas alcoólicas e não se esqueça de se viciar em adrenalina e outras drogas. Só assim, terá certeza que também estará acelerando a própria morte, ficando inclusive mais fácil para que todo mundo saiba que sua morte está chegando, melhor do que ela lhe pegar desprevenido.

Certa vez um camarada de Liverpool, na Inglaterra, David, se dirigia para uma seletiva nacional no litoral Britânico a cerca de 4 horas de carro. Depois de se preparar com esmero durante meses, o camarada cede às pressões da sogra e da mulher para levá-las com ele. Logo no início da viagem a velha começa a falar desenfreadamente e a fazer perguntas estúpidas e incessantes para o atleta que deveria estar relaxando e se concentrando. Aumentando a sua irritação progressivamente, David, muito sensível e analítico, começou a perceber o seu organismo se esvair em catabolismo. Na primeira parada ao longo da estrada, o atleta pára o carro e diz que traria alguns biscoitos e chocolates para as tagarelas. Na volta, além das guloseimas, David entrega para as duas passagens de volta a Liverpool. Prossegue então a viagem em paz e conquista o primeiro lugar na classificatória. A história seria muito diferente se as "garotas" seguissem viagem.

    O sistema metabólico pode ser muito sensível. A condição ótima de um atleta em fase pré-competitiva pode ser arruinada nas poucas horas que antecedem um campeonato, de novo é a homeostase sendo quebrada negativamente. O cérebro humano é o mais poderoso órgão em nosso organismo, secreta e comanda a secreção de todos os hormônios anabolíticos e catabolíticos. A glândula pineal, por exemplo, é a responsável pela regulação da função sexual e reprodutora e libera a melatonina entre outras funções. A pineal é extremamente regulada pelo estado emocional das pessoas. Veja, quando um hormônio se altera vários outros em cadeia são afetados, e com isso todo o seu corpo e a sua aparência. Em questão de pouco tempo, seu corpo pode reter muito líquido, e com isso arruinar a sua definição ou perder muito líquido e murchar como um balão que se fura, lembre-se que mais de 70% do seu músculo é composto por água. Portanto, o seu lado anabólico deseja que você controle o estresse para manutenção de sua massa muscular e o bom estado de saúde mental e física, e isso inclui a sua massa muscular.

    Como na vida quase tudo é uma escolha, podemos escolher entre sermos mais anabólicos ou mais catabólicos: saúde, modificação radical da composição corporal ou mesmo o lazer e higiene mental devem ser bem administrados pois a ditadura do corpo faz escravos que se submetem às mais cruéis torturas, como dietas corrosivas, injeções locais de óleos, excesso de treino e outras medidas extremas.

    A situação de estresse promove a liberação de hormônios que colocam nervos e músculos em condições de alerta, prontos para entrarem em ação. Em condições naturais, homens e outros animais utilizam essa condição de alerta para caçar ou fugir rapidamente de predadores, ou seja, para reações físicas em caso de extrema necessidade. Porém, nos dias atuais, na maior parte das vezes, ficamos parados sentados em uma cadeira de escritório ou no banco de um carro. Resultado: angústia, frustração e corrosão da massa muscular conquistada com tanto sacrifício. Veja que o estresse promove a liberação do cortisol que é um hormônio catabolítico.

O estresse crônico causa doenças arteriais coronarianas, obesidade, úlcera, impotência, dores de cabeça, etc. Como conseqüência, podemos relacionar a piora na qualidade e na expectativa de vida.

A boa notícia é que pesquisas e relatos empíricos vêm demonstrando que as atividades físicas tornam as pessoas mais aptas a lidarem positivamente com o estresse e evitar os problemas de saúde a ele relacionados.

**Exercícios vigorosos** promovem a liberação de uma outra substância, a endorfina, um hormônio que além de reduzir a dor causa uma sensação natural de bem-estar. O seu efeito pode ser comparado aos efeitos de medicamentos psicotrópicos, como o Valium, mas com a produção de um resultado superior, pois a liberação natural de endorfina faz a pessoa sentir-se revigorada e mais alerta, enquanto drogas psicotrópicas podem sedar e promover sintomas de depressão.

Computando os dados acima, podemos concluir que nada como um **treino com pesos de alta intensidade,** de uma forma dosada, para aliviar sintomas de depressão, angústia e evitar outras doenças relacionadas ao estresse. Descanso adequado e dieta balanceada também são essenciais para que o sistema homeostático trabalhe a seu favor.

O sistema homeostático também está relacionado ao uso de drogas. A história que contarei poderia ser recontada diversas vezes com exemplos idênticos advindo de todos os lugares.

Conheci um indivíduo na academia que logo se deixou seduzir pelos esteróides anabólicos. Fez o seu primeiro ciclo com duas ampolas de Durateston por semana durante 4 semanas e conseguiu ganhar cerca 3 quilos de peso corporal. Satisfeito com seus ganhos e o elogio dos amigos, resolveu adicionar mais uma aplicação de Durateston por semana no próximo ciclo e ganhou mais um quilo estabilizando os seus ganhos em seguida. Irritado, resolveu adicionar mais uma injeção de Deca-durabolin ao novo ciclo e 2 comprimidos de Hemogenim ganhando mais 2 quilos em 2 semanas e voltando a estabilizar nas próximas. Nesse ponto, sua pele mais parecia a superfície lunar e o rosto mais cheio do que o calçãozinho da Carla Perez, um verdadeiro bundão. Enfim, ele percebe que adicionar mais e mais drogas não seria solução. O infeliz que inicialmente recebera elogio dos amigos passou a ser ridicularizado pelos mesmos. Resolve então sair do ciclo e rapidamente perdeu todos os quilos conseguidos. Envergonhado, o indivíduo nunca mais apareceu na academia.

Ninguém pode indefinidamente ganhar massa muscular se fiando exclusivamente no uso de drogas. O processo deve ser bem planejado a ponto de periodicamente sabermos "enganar" o processo homeostático no sentido anabólico, mas não podemos ganhar o tempo todo, devemos traçar nossas estratégias para conquistas graduais e mais permanentes.

No exército aprendemos que ao estacionar uma bateria de obuseros autopropulsados, atiramos no alvo e nos retiramos rapidamente, antes que o inimigo nos acerte na posição em que nos encontrávamos. Isso tem tudo a ver com ciclos, treino, dieta e enfim, com o processo homeostático.

CAPÍTULO 2

# OS HOMENS BOMBA-
# DOS A ÓLEO

Não muito tempo atrás, podíamos ouvir que o atleta tal é *drug free* (natural), ou seja, que não fazia uso de esteróides anabólicos ou outras substâncias hormonais como GH e insulina para ficar gigante. Hoje, com a utilização incontrolável dos hormônios, esse conceito está ficando cada vez mais banalizado no mundo do fisiculturismo. O termo que se passou a ouvir é que o atleta é *Synthol Free*.

Um esporte que já sofre preconceitos pelo claro abuso de drogas anabólicas, há algum tempo se tornou mais bizarro pela atitude indiscriminada de alguns atletas que começaram a apelar para o uso de drogas a base de óleos para inflar os músculos (Synthol, Esiclene).

Tudo iniciou com o uso de um esteróide muito fraco produzido na Itália de nome Esiclene. Logo os atletas observaram que a droga causava muito inchaço local, sendo que pela lógica do atleta: *se o inchaço ocorre no meu glúteo, que este seja então no bíceps (a não ser que se trate de concurso Popozudo do Ano)*. Hoje na América e na Europa, encontram-se os "inocentes" *Pump n' Pose,* anunciados em algumas revistas especializadas e pela internet, como se fossem óleos para passar na pele, mas todo mundo sabe que a real utilidade é injetá-los pelo corpo inteiro com injeções profundas, geralmente no ventre muscular. Os principais locais de aplicação são as regiões em que o atleta se acha mais deficitário.

"Definitivamente, muita gente grande andando por aí não tem seus músculos totalmente constituídos a base de proteína".

Por aqui, na terra tupiniquim, são os tais de Estigor e ADE. Na verdade, medicações veterinárias com compostos vitamínicos diluídos em óleos de alta viscosidade que muita gente está utilizando para inflar os músculos e temporariamente produzir inchaço por inflamação e consecutivo aumento das medidas. Vale lembrar que nessas substâncias existem vitaminas, e que o excesso destas pode provocar sintomas de hipervitaminose.

Bem, se o objetivo é realmente cosmético, poderíamos comparar isso com implantes de silicone ou implantes penianos infláveis. Só que há indivíduos que não suportam observar o músculo intumescido voltando para o estado anterior e tome óleo sucessivamente, já que o grande efeito se mantém pelo período de no máximo 5 dias após a última aplicação. Esse é o caso da utilização do Esiclene e da aplicação localizada de outros esteróides de base oleosa. Já o tal de Synthol ou *Muscle Sheed* (a versão inglesa) é baseado em um óleo de maior densidade, o MCT (triglicerídeo de cadeia média), é bom que os loucos de plantão saibam que este é um tipo farmacológico esterelizado de MCT, e não esses que se pode encontrar em lojas de suplementos, normalmente utilizados em dietas cetogênicas. Pela característica do óleo e outras misturas, a permanência do efeito é bem maior e pode durar anos. De fato, o óleo se mistura às fibras musculares dando maior volume e até definição muscular, agora, imaginem uma substância estranha ao corpo humano permanecendo no sistema durante anos. Se em implantes de silicone feitos em clínicas especializadas e que possuem revestimento já ocorrem reações adversas, imaginem os problemas em curto e longo prazo que óleos de fabricação obscura para aplicação caseira podem acarretar?

De fato, essas injeções localizadas causam melhor efeito cosmético em grupos musculares menores como bíceps, tríceps e panturrilha. Em grupos maiores e mais longos, como nos músculos da perna, poderá formar ridículos calombos localizados ou uma série deles, se houverem diversas aplicações, gerando uma anatomia totalmente disforme. Alguns fisiculturistas ou entusiastas preferem valorizar uma determinada região muscular, como os braços, por exemplo, e injetam óleo somente nessa parte, criando assim uma grande desproporção de desenvolvimento com as outras partes do corpo, o que para um atleta competitivo certamente custará alguns pontos. Observem que alguns atletas profissionais nunca ganham competições ou sequer ficam entre os 6 primeiros por terem evidência do uso de drogas localizadas. Em competições amadoras, talvez, existam alguns indivíduos portando troféu porque alguns juízes não são muito instruídos. Por outro lado, alguns usuários de drogas localizadas conseguem impressionar juízes mal informados ou alguma menina mais idiota.

Agora, imaginem o fígado processando todo esse óleo, ou a possibilidade desse ser aplicado em um vaso sanguíneo e causar uma embolia, como em Milos Sarcev, que por pouco não foi a óbito. Portanto, se for impossível evitar que alguém adote esta medida extrema que faça a correta assepsia e puxe o êmbolo da seringa para verificar se não vem sangue junto, se vier, aplique em outro local e repita a operação. Isso poderá salvar algumas vidas. Ocorrências como hematomas e fibroses são também muito comuns. Existe um ex-fisiculturista amigo meu que teve os bíceps deformados pelas aplicações locais de várias substâncias e hoje, parecem duros como rocha e não possuem mais a total capacidade de contração, de tanta mistura de drogas que foi aplicada.

Certa vez há alguns anos na Inglaterra, eu e um fisiculturista profissional com quem treinava na época estivemos em um laboratório clandestino de produção de óleo para fisiculturistas. Misturava-se num mesmo frasco Formebolone, Sustanom, óleo MCT e Winstrol para diminuir a viscosidade (dentro de outras coisas, drogas de base aquosa são as mais susceptíveis a contaminação). O dono do "empreendimento" estava orgulhoso porque tudo era produzido em perfeitas condições de higiene. Realmente, os dois funcionários que trabalhavam na produção vestiam aventais, luvas, máscaras e gorro. Mas para nossa surpresa, a porta de vidro foi repentinamente aberta pelo "empresário" que nos convidou para inspecionar de perto a produção. Lá estávamos nos, sem proteção nenhuma, respirando todas as nossas bactérias em cima daquelas substâncias.

Meses depois o mesmo atleta que me acompanhava estava sofrendo de grave infecção na região tricipital onde aplicara o "maravilhoso" óleo.

Vejam, apenas me sinto no direito e principalmente na obrigação de alertar.

Camaradas, conheci fisiculturistas que fazem mais de 30 aplicações localizadas, com vários mls cada, mas primeiro antes de um show, administram morfina para suportar a dor de tamanha obsessão. Vejam que aplicações localizadas são muito dolorosas e de alto risco, apesar de algumas possuírem anestésicos como a lidocaína, porém os usuários são unânimes em afirmar que não adianta coisa nenhuma. Os insistentes afirmam que a dor vai sendo mais tolerável com o passar das aplicações. Outra ocorrência muito comum são os abscessos, já perceberam a pele de vários "atletas" com cicatrizes causadas por abscesso? É como se fosse uma marca de vacina em forma de um pequeno sol. Essas marcas muitas vezes são visíveis pelo corpo inteiro.

Quem acompanha o meu trabalho sabe exatamente que não uso de hipocrisia ou pensamentos puristas, mas definitivamente isso não é fisiculturismo, injeções localizadas não podem ser substitutos de um treino árduo e ótima alimentação. Efeitos de injeções localizadas são ridiculamente visíveis, se você estiver neste esporte se fiando totalmente nesse método, deveria na verdade cair fora e arrumar um emprego decente ou estudar.

Da mesma forma que a IFBB adotou um teste para tentar eliminar o uso de diuréticos após a morte de Mohamed Benaziza, e despontuação para extrema definição (Deus guarde em bom lugar Andreas Munzer) deveria tomar providências, também, quanto ao abuso desses óleos que vem se tornando uma prática de grande risco para a saúde e a vida dos atletas. Sem contar que já tenho saudades de peitorais grandes e planos como os de Franco Columbo, bíceps pontiagudos como os de Arnold Schwarznegger e tríceps bem formados como os de Rob Robson. Muitos profissionais atuais parecem ter físicos muito iguais, com músculos muito arredondados e desenvolvimento descomunal de grupos pequenos, que pela anatomia e característica do músculo, jamais poderiam alcançar tamanho desenvolvimento, nem com todos os anabolizantes disponíveis.

Atletas de alto nível servem como exemplo para os jovens. Em minhas viagens pelo Brasil observei vários "falsos fortes", na maioria pós-adolescentes que sequer competem, mas que possuem o bracinho com mais de 50cm de puro óleo. São verdadeiras latas de óleo ambulantes. Existem atletas que nem sequer aquecem da forma tradicional, o aquecimento é a agulha uma ou duas horas antes do bizarro show.

Na verdade, mesmo alguns atletas mais sensatos estão se vendo na obrigação de injetar aqui e ali para competir em pé de igualdade com os outros, o pensamento comum é: se todo mundo está usando, vou usar também.

Companheiros, sensatez e cuidado são as melhores palavras.

CAPÍTULO 3

# OS TETAS DE CADELA E OS ANTI-AROMATIZANTES

Decididas a administrar esteróides anabólicos, algumas pessoas, principalmente adolescentes impacientes, aplicam a primeira injeção de esteróide anabólico e acabam por perfazer um ciclo com 4 aplicações ao longo de um mês. Com seus receptores cabaços que são, desculpe meu francês, acabam por ganhar algumas medidas em função da droga. Como a matemática normalmente é geométrica na cabeça dessas pessoas, elas passam a achar que se 4 injeções produziram um ganho Y, uma dosagem 3 vezes maior produzirá um ganho igual a 3 vezes Y. Como 4 aplicações vezes 3 é igual a 12, tome 12 Duras. Após duas ou três semanas, o desavisado começa a sentir uma coceirinha na região do mamilo, em seguida começa um pequeno processo doloroso ao toque e depois o entumecimento abaixo do mamilo que, normalmente vai se tornando cada vez maior.

Esse processo tecnicamente conhecido como ginecomastia, tende a ocorrer em um percentual grande de bebês recém-nascidos devido à absorção dos estrógenos presentes na placenta da mãe, durante a adolescência de garotos em função de uma maior liberação de testosterona e em homens da terceira idade. Isso se dá em função da conversão do excesso de testosterona em progesterona, droga sexual predominante nas mulheres, sob a ação de enzimas chamadas de aromatases.

Certa vez estava ministrando um curso lá no Sul e mencionei a frase: "Voltando para o nosso desavisado, lembramos que os estrógenos além de tetinhas, também acumulam gordura sexual feminina". Ocorreu que logo na primeira fileira estava um pós-adolescente, daqueles que se acham fortes, em uma camisetinha *baby look* bem apertada e uma camiseta branca cavada mais apertada ainda por cima. O garoto na verdade possuía um visível par de tetas de fazer inveja a Pamela Anderson, bracinhos com acúmulo de gordura tricipital e até culotinho. A evidência do caso fez com que toda a sala voltasse os olhares para o infeliz que se achava forte até então.

A melhor forma de evitar a ginecomastia é não fazendo o uso de esteróides muito androgênicos. É conveniente ressaltar que a tendência é do nódulo e demais efeitos colaterais retornarem gradativamente aos níveis normais após o término de um ciclo, mas muitas vezes, dependendo da fisiologia de cada um, a redução definitiva de um nódulo só ocorre com intervenção cirúrgica, normalmente realizada por cirurgião plástico.

## CAPÍTULO 4

# OS PRÓ-HORMÔNIOS E OUTROS "ÔNIOS"

DHEA (diidroepiandrosterona), 27
4-Androstenediol, 28
4-Norandrostenediol, 28
TRIBULUS TERRESTRIS, 28

É normal que as pessoas queiram obter sucesso em seu programa de treinamento, só que às vezes não ficam inteiramente satisfeitas com o progresso alcançado manipulando apenas o treino e a alimentação, ou seja, com as suas possibilidades genéticas, ou não querem dar tempo suficiente para que mais progresso seja alcançado. Ora, isso é muito natural, afinal a ambição faz parte de nossa espécie. Aproveitando-se disso, fica fácil explorar os outros e vender estratégias para o sucesso a qualquer custo.

Com o terrorismo feito pela imprensa e por algumas organizações esportivas em torno dos esteróides anabólicos, tornou-se bastante comercializável no mercado uma categoria de produtos que prometem aumentar a liberação natural de testosterona e com isso aumentar a massa muscular, com a vantagem de não produzir os efeitos colaterais dos esteróides anabólicos. Algumas pessoas atemorizadas acabam por optar ou dar uma chance aos chamados pró-hormonais e algumas raízes milagrosas, protegidas psicologicamente por não estarem cometendo nenhuma agressão ao organismo e por não estarem violando a moral e a ética, principalmente se for um atleta.

Encontram-se nessa categoria as seguintes substâncias:

### DHEA (diidroepiandrosterona)

Na verdade é um hormônio produzido naturalmente pela glândula adrenal e serve como matéria prima para a produção de testosterona e estrógeno. Pessoas com baixa produção de DHEA podem se beneficiar com esse suplemento e se sentirem mais vitalizadas com isso.

### 4-Androstenediol

Também um precursor da testosterona, se o DHEA está a dois passos, para um entendimento mais simples da testosterona, este está a um passo. Vários estudos indicam que a administração desse produto aumenta por curto tempo a produção de testosterona.

### 4-Norandrostenediol

Essa talvez seja uma substância um pouco mais interessante, pois é a precursora de um hormônio chamado de nortestosterona, o qual é conhecido por produzir pouco efeito colateral. É mais conhecida como nandrolona, e é encontrada em alguns animais incluindo cavalos. Esse hormônio é bastante anabólico em seres humanos e pouco androgênico, o tornando bastante seguro em relação a outros, pois é menos sensível a conversão em diidrotestosterona causadora de efeitos colaterais como erupções cutâneas, queda de cabelo e aumento prostático.

Essa é a mesma substância da deca durabolin, tão facilmente detectada em exames *antidoping* em relação às drogas mais nocivas derivadas diretamente da testosterona que são tão mais típicas de ocasionar efeitos colaterais. Em outras palavras, os exames *antidoping* não eliminam as drogas da vida dos atletas que tendem a se drogarem, mas podem afastar drogas potencialmente mais seguras.

### **TRIBULUS TERRESTRIS**

Esta é uma planta originária da Bulgária que estimula a liberação do LH, que trabalha na liberação da testosterona. A dosagem recomendada varia de 1,5 a 3,0 gramas por dia.

Bem, mas o que na realidade poderíamos esperar dessas substâncias?

Como sempre menciono, procuro me basear em um leque de informações para formar opinião sobre um assunto relacionado com o nosso treinamento com pesos: experiência pessoal (quase tudo aquilo que menciono e falo já experimentei: programas de treino, sistemas nutricionais, suplementos e drogas farmacológicas), experiência prescrevendo treino para atletas que treinam sob minha supervisão e a narração de outros atletas que confio, mas também em trabalhos científicos publicados, procurando analisá-los da forma mais cuidadosa possível, pois, novamente, parto do princípio que nem toda ciência é boa ciência.

Diga-se de passagem, sou tachado por alguns profissionais puristas por não ser científico só porque não fico mencionando e me limitando a publicações de centenas de autores. Se eu quisesse escrever um livro e mencionar dezenas de autores só para dizer que não estou só em meus pensamentos eu o faria. Provavelmente, essas pessoas se consideram científicos ou cientistas, muito embora não tenham passado mais do que algumas horas dentro de laboratórios. Engraçado que os mesmos periódicos que essas pessoas lêem eu também leio, e tenho igualmente dedos para pressionar botões de acesso à internet.

Voltando ao assunto, baseado nesse leque de informações, posso com segurança lhes dizer: se estão procurando por um substituto natural para os esteróides anabólicos, simplesmente não irão encontrar. Não creio que tal substância "natural" exista ou venha a existir. A reação mais expressiva produzida por essas substâncias que possa ser similar a dos esteróides são justamente os efeitos colaterais. Quanto aos efeitos esperados de ganho de massa muscular, com certeza, não será nada parecido com aquilo que algumas propagandas desses produtos prometem. Já observei ganhos em massa magra em torno de 1,5 a 2,0 quilogramas ao final de um ciclo de 8 semanas de administração de pró-hormonais (combinação de DHEA, Androstenedione, T.B. e algumas outras substâncias), mas também às custas de efeitos colaterais pronunciáveis, não se esquecendo, é lógico, de treino intenso e alimentação precisa. Nas mesmas condições, mas sem os pró-hormonais qual seria o ganho ponderal?

Se fosse possível com o auxílio desses produtos ocasionar um efeito dramático no aumento da massa muscular, com certeza estes já teriam sido banidos das prateleiras há mais tempo. Lembre-se que no início de um programa de treino é muito fácil ganhar peso, de forma que é muito mais típico a elevação ponderal ocorrer em função do treino, alimentação e suplementação do que pelo efeito dos pró-hormônios. Ocorre que a maioria das pessoas que afirmam que essas substâncias fazem milagres são iniciantes ou atletas intermediários que obteriam resultados de qualquer forma mesmo se treinassem de forma submáxima ou não utilizassem qualquer tipo de suplemento. Mesmo que se alimentassem 1 vez por dia! Se estiver em dúvida pergunte para qualquer camarada com mais de 50 cm de braço se ele conseguiu algum resultado sólido no aumento da massa muscular com o auxílio dessas substâncias. Provavelmente a resposta será um *big NÃO*.

Enfim, essas substâncias podem ser apropriadas para pessoas que clinicamente tenham uma baixa dosagem natural na produção de testosterona ou indiretamente desses pró-hormônios, a maior parte das pessoas de idade mais avançada, fazendo com que essas se sintam mais dispostas e energizadas, pois podem permitir que haja uma liberação mais normal de testosterona, mas para isso há a necessidade de procurar um médico endocrinologista para a devida prescrição. Se for escolher um pró-hormonal, analise o 4-Norandrostenediol, pois é menos típico de promover os efeitos adversos. Aqueles indivíduos mais radicais que fazem séries com esteróides anabólicos ou já fizeram, se decepcionarão com certeza. Se quiser intensificar os efeitos dos esteróides, se por ventura já faça uso dessas substâncias, a única coisa que conseguirá é salientar os efeitos colaterais.

# CAPÍTULO 5

# A "VIAGEM" DOS ES-
# TERÓIDES

Espero que este capítulo possa clarear algumas más interpretações e colocar alguns mitos relacionados aos farmacêuticos definitivamente para "dormir o sono eterno". É importante entender de onde advém as informações captadas e utilizadas por atletas concernentes ao uso das drogas, já que informações médico-científicas são tão escassas.

Primeiro, existem poucos dados científicos relacionados ao uso de substâncias farmacológicas nos esportes. Refiro-me ao pronunciamento de efeitos colaterais (efeitos negativos ou indesejáveis) e efeitos positivos. Vejam, não é possível utilizar seres humanos para esse tipo de experiência. Por exemplo, não podemos pegar um grupo controle, um outro grupo e utilizar dosagem média de esteróides anabólicos pelo período de 6 meses, um terceiro grupo utilizando uma alta dosagem pelo mesmo período, diversos outros grupos utilizando as inúmeras combinações possíveis de esteróides e monitorar a todos controlando diversos fatores como treino, alimentação, suplementação e chegar a uma conclusão (para isso uma autopsia talvez seja o ideal!). Costumo dizer que se Mengele estivesse vivo e o Nazismo perseverado, possivelmente já teríamos essas respostas, mas como sobra ainda, alguma decência na humanidade, essas conclusões não são possíveis.

Observem que os verdadeiros atletas que tendem a utilizar drogas poderiam ser banidos de seus esportes se não mantivessem segredo a respeito das drogas que utilizam e seus efeitos. Como as drogas são proibidas na maioria dos esportes e não existem dados nem muito interesse científico nessa área, não há como chegar a uma conclusão. Então, surgem as chamadas "informações de gurus". Essas informações são geradas por algumas pessoas ao redor do mundo que se propuseram a falar e discutir o assunto. Acredito que essas pessoas possuem um interesse um pouco maior que as outras e também não têm receio de dar um passo além no desconhecido. De fato, alguns também se envolvem no comércio ilegal dessas drogas e para otimizar as vendas, têm que parecer conhecedores do assunto.

Agora lembre-se: enquanto a figura do guru toma notoriedade, os reais fatos científicos permanecem insatisfatórios. Desta forma, da onde são obtidas as informações? As informações pronunciadas por essas pessoas talvez tenham algum valor, talvez alguns desses gurus tenham monitorado a si mesmos e a outros atletas, tomado notas e compilado as suas observações por um longo período de tempo, talvez utilizando diversos atletas para isso. Se por um lado essa metodologia jamais passe pela rigorosidade do método científico, pelo menos é melhor do que nada, mas não permite a ninguém tomar conclusões a respeito dos diversos efeitos das drogas. Para chegar a conclusões são necessários exames laboratoriais, pessoal treinado, objetos de pesquisa, uma metodologia, etc.

Algumas pessoas pensam que entendo sobre o uso de esteróides anabólicos e outras drogas utilizadas por alguns atletas porque escrevi o livro "Musculação Anabolismo Total" e agora este. Por isso, alguns também me consideram um "guru", talvez de luxo porque cursei algumas faculdades, mas na verdade parece que sei e digo pouco a respeito dessas drogas, comparado ao que muitos vendedores de drogas ilegais se arriscam a "prescrever" para seus "clientes". Em momento algum recomendo qualquer tipo de droga.

Eu vou lhes confessar a pura realidade. Os melhores fisiculturistas profissionais que conheço ao redor do mundo, que não são poucos, fazem na verdade ciclos extremamente simples de esteróides anabólicos. Na verdade encontram algumas poucas drogas que funcionam bem para eles e permanecem com essas drogas, não fazem grandes misturas *stag* como algumas pessoas calculam, só os mais desavisados é que tendem a misturar todas as drogas possíveis. Alguns deles não estão mais vivos para testemunhar a história. É fato que na preparação pré-competição tende a existir uma mudança para as drogas menos androgênicas. O uso de testosteronas de ação rápida é preferido por esses atletas, pois se considera mais fácil monitorar seus efeitos e possíveis ajustes.

Os esteróides anabólicos e outras drogas que alguns atletas tendem a utilizar foram originalmente desenvolvidos para tratar doenças e não para produzir um desenvolvimento físico monstruoso, mesmo porque isso não é nem um pouco natural. Quem decide transformar o seu corpo em uma montanha de músculos tem que ter a consciência que da mesma forma que transportar 30kg extra de gordura não é natural, o mesmo se aplica para músculos. Eu não estou dizendo que seja errado essa opção, mesmo porque eu já cheguei a transportar 128 kg de pura massa muscular quando treinava em condições ideais na Templo Gym (academia do 6 vezes Mr. Olympia, Dorian Yates), o que digo é que essa opção pode ser uma tentativa e um desafio pessoal de ultrapassar uma condição natural. E isso, muito provavelmente, só pode ser alcançado através da manipulação da sua bioquímica interna com a utilização de drogas.

O desconforto limitante que é transportar 150kg de massa muscular sólida não é tão limitante como transportar 150kg de banha, mesmo assim é um desconforto. Com os meus 128kg em 1,88m de estatura já era penoso para o miocárdio subir escadas ou fazer uma caminhada mais prolongada. Da mesma forma, duvido que atletas de triatlon tenham suficiente energia ao final de um exaustivo dia com horas de treino para adequadamente satisfazer as necessidades sexuais de sua/seu parceiro ou se concentrar adequadamente nos seus estudos ou demais afazeres. Será que apenas os pobres fisiculturistas sofrem com sobrecarga no miocárdio?

No mundo tudo é uma escolha, o importante é estar informado, ter pelo menos um vislumbre dos possíveis "efeitos colaterais" e assumi-los sendo que de preferência estes não atinjam pessoas inocentes.

Assim como quem decide utilizar droga deveria monitorar o seu ciclo de esteróides, deveria também monitorar a sua felicidade. Se com o seu primeiro ciclo você não ficou mais feliz, com os próximos provavelmente também não ficará. Cuidado!

Faça uma introspectiva consciente, olhe para dentro de você mesmo e tome decisões baseadas em sua consciência, ninguém mais pode fazer isso por você. Eu gosto muito de treinamento com pesos e fisiculturismo, mas não tenho nada contra pessoas que têm 25cm de braço e fazem supino com apenas 12 quilos. Da mesma forma que desejamos ser respeitados por sermos mais fortes que a massa da população, também devemos respeitar aqueles que tiveram opções diferentes na vida.

Saibamos também, que vivemos em um mundo com pouca informação. A verdade de hoje muitas vezes é a incorreção de amanhã. Até a teoria da relatividade poderá ser revista com a recente descoberta da possibilidade de acelerar a velocidade da luz. Veja que até informações científicas, a princípio consagradas, podem ser questionadas, quem dirá informações obscuras. Por outro lado, ciências como a farmacologia e a citologia estão muito avançadas e devemos tirar o melhor proveito disso, assim, em termos bem simples, iremos compilar o que for mais importante a seguir. Os *nerds* que quiserem entender mais detalhadamente o assunto, que procurem livros de citologia e bioquímica e estejam preparados para papirar muito. Não se ofendam, eu mesmo tenho um pouco de *nerd* em minha estranha natureza.

Certa vez, recebi uma correspondência de um fisiculturista, se é que podemos chamá-lo assim, que dizia ter utilizado Hemogenin e Deca Durabolin por algum tempo e obtivera resultados excepcionais, mas após um período de intervalo, retornara a administração das drogas, porém a substância não mais fazia o efeito anterior, mesmo que aumentasse a dose estratosfericamente. Menciona, ainda, em sua correspondência que chegou a administrar absurdos dez comprimidos por dia de Hemogenin (500mg) sem obter os resultados esperados.

Se você conhece um pouco de química ou está inteirado sobre os efeitos colaterais de alguns esteróides anabólicos, especialmente os dessa droga em particular, deve ter ficado perplexo por tamanha dose. Se você já está dentro do mundo do fisiculturismo competitivo, já deve ter ouvido ou presenciado barbaridades como essa e muito piores. Vamos entender melhor como funcionam essas drogas:

O nosso corpo é formado por células que por sua vez formam os nossos órgãos, pele, ossos, cabelo, enfim, tudo o que o nosso corpo possui. Os nossos órgãos e músculos, por exemplo, são formados por proteínas as quais são formadas por um total de 22 aminoácidos, se faltar um, o nosso corpo não poderá formar a massa muscular. Desses aminoácidos, 14 podemos sintetizar em nosso próprio organismo, mas 8 devem ser administrados através da dieta e são chamados de aminoácidos essenciais e devem estar presentes diariamente em nossa dieta.

Quando ingerimos proteínas, estas são quebradas em aminoácidos os quais acabam sendo reconstituídos em nosso corpo de acordo com a nossa necessidade, se comermos mais proteínas do que precisamos, o excesso acaba se transformando em gordura, é bom salientar.

Dentro de nossa célula, a luz do microscópio, podemos verificar um complexo sistema em funcionamento, lá encontramos **receptores celulares**, alguns são especificamente ativados por moléculas de testosterona e acabam por comandar uma organela existente dentro da célula denominada ribossomo, responsável por realizar a **síntese protéica**, isso inclui a formação da massa muscular e outros processos.

A testosterona e outros hormônios são mensageiros químicos que se incorporam à corrente sangüínea, levando sua mensagem e procurando um local específico para entregá-la. A testosterona é produzida por nosso organismo, mas quantidades extras podem ser administradas via oral, cutânea ou injetada.

Os **receptores celulares** da testosterona estão presentes na massa muscular, nos folículos capilares, nas glândulas cebáceas, em várias outras glândulas e no cérebro (lembre-se disso quando falarmos de efeitos colaterais). Esses receptores ficam ávidos, a espera de mensageiros. Cada célula possui milhões de receptores com formas diferentes. Em forma de hexágono, de cilindro, cúbico, etc. Assim, a testosterona tem que encontrar o seu receptor específico, ou seja, este deve possuir afinidade com a molécula de esteróide.

Dentro deste contexto, existem pessoas que acreditam que existem receptores específicos para nandrolona, outros só para oximetalona, para cipionato e assim por diante. Com esse pensamento, acabam por misturar todas as drogas em busca de um grande resultado. De fato, isso não pode ocorrer porque possuímos receptores para testosterona em geral e não receptores para cada um dos produtos farmacêuticos. Quando Deus nos criou, não pensou em fazer receptores específicos para cada componente da família farmacológica. Não existe um receptor específico para a "prima" Winstrol, a "tia" Deca, o "tio" Hemo, a "avó" Diana e assim por diante.

Mas então por que cada droga funciona de forma diferente?

A diferença vai mais além. Depende de como cada droga percorre o nosso organismo, as de base líquida mais rapidamente e as oleosas mais vagarosamente, de como elas são excretadas, o seu poder de aromatização e outros fatores.

Os esteróides anabólicos são acoplados em cadeias carbônicas denominadas ésteres, que têm como objetivo aumentar a sua meia vida. A meia vida de um esteróide refere-se ao intervalo de tempo necessário para que metade da droga seja metabolizada. Quando uma droga tem meia vida de 12 horas, significa que depois desse tempo a sua concentração em nosso sistema cai pela metade sendo que a quantidade restante não estará mais em condição de cumprir sua tarefa apropriadamente.

**Por exemplo:** O decanoato de nandrolona tem uma meia vida que varia de 10 a 14 dias, pois na sua composição existe uma cadeia carbônica (éster) com 10 carbonos. As formas cipionato e enantato possuem meia vida de 7 a 10 dias. O enantato é prescrito em alguns países como contraceptivo masculino, de forma que o usuário deve fazer aplicações semanais da droga para não engravidar a parceira. A forma propionato possui meia vida de 2 a 3 dias. Já drogas como o Durateston possuem uma combinação de diferentes ésteres que garantem liberação gradual e podem ficar no sistema por até 4 semanas. Já as drogas orais possuem uma cadeia carbônica muito curta possui meia vida contada em horas e não em dias.

Quando não existe conhecimento a esse respeito, pode-se ocorrer dois erros drásticos: administrar pouca droga, ou o que é mais freqüente, achar que quanto mais, melhor.

Quando os exagerados administram muitas drogas com grande freqüência, as primeiras moléculas irão ocupar os receptores celulares, o restante ficará circulando a espera de uma oportunidade, enquanto isto irão aromatizando e pronunciando todos os efeitos colaterais que analisaremos mais tarde, sem contar a grana que estará sendo desperdiçada.

Mas por que, mesmo assim, os esteróides parecem que funcionam bem para aumento de massa muscular somente com dosagens bem acima das dosagens terapêuticas?

Na verdade existe um meio termo entre pouco e demais. Outra verdade é que a ciência ainda não tem uma resposta definitiva, mas, apresenta algumas teorias baseadas em culturas de laboratório, não em pesquisas com seres humanos. Alguns autores adversos ao uso de esteróides afirmam que apenas dosagens baixas de esteróides anabólicos por semana são aceitas pelos receptores e o restante estaria lá para ocupar receptores na pele provocando espinhas, aromatizando e provocando demais efeitos colaterais. De fato, pela matemática e observações bioquímicas, podemos verificar que um único comprimido de 2,5mg de oxandrolona seria o suficiente para ocupar várias vezes a soma de todos os receptores celulares para anabólicos esteróides que o nosso corpo possui, o que desbanca a tese anterior e a pergunta inicial permanece.

Uma explicação popular é a de que em doses maiores os esteróides anabólicos possuam poder anti-catabólico. Talvez, por isso, analogamente, seja muito boa a combinação do bloqueador de cortisol aminoglutetimida com o anabólico GH. Alguns especialistas não concordam com essa tese, afirmando que se o bloqueio do cortisol for elevado, ninguém agüentaria as dores nas articulações, haja visto a ação antiinflamatória do cortisol.

Outra hipótese seria a capacidade que doses mais elevadas de esteróides anabólicos teriam na super regulação dos receptores celulares, ou seja, no aumento do seu número. Esse mesmo processo de super regulação é observado como efeito do treinamento em atletas e em tecidos de culturas de laboratório, sendo a hipótese mais aceita.

É definitivo que as dosagens baixas por semana são muito inefetivas quando a intenção é hipertrofia muscular. Essas dosagens quando aplicadas em iniciantes podem funcionar muito bem simplesmente por se tratarem de iniciantes. Para esses indivíduos qualquer estímulo promove reação. Ou seja, quanto mais próximo você estiver do seu ponto inicial de treinamento, maiores serão os seus ganhos, mesmo que faça apenas uma refeição por dia, já mencionei isso anteriormente.

Vejam os problemas gerados pela ignorância sobre o uso de qualquer droga. A auto- medicação já é um problema em nosso país, onde o controle de drogas e o sistema previdenciário é falho. Associando esses fatores à desinformação, não me espanta a preocupação de algumas autoridades mais conscientes.

## CAPÍTULO 6

# OS "PERIGOS" ENVOLVENDO O USO DOS ESTERÓIDES

Calvíce, 47
Hipertrofia prostática, 47
Acne, 47
Agressividade, 48
Hipertensão, 48
Limitação do crescimento, 49
Aumento do colesterol, 49
Virilização em mulheres, 49
Ginecomastia, 50
Dor de cabeça, 50
Impotência e esterilidade, 50
Insônia, 51
Hepatotoxicidade, 51
Problemas de tendões e ligamentos, 51
Câncer, 52

São normalmente atribuídos pela mídia e profissionais mal-informados, poderes altamente deletérios e até mortais aos esteróides anabólicos. Muitas colocações não confirmadas, como, por exemplo, de pessoas que teriam morrido pelo uso de esteróides anabólicos recheiam os nossos noticiários e a boca dos mais alarmistas. Porém, deveríamos nos preocupar inicialmente em fazer algumas perguntas a esses alarmistas, tais como:

1. Onde está o laudo médico que comprova que tal pessoa teria falecido em função do uso de esteróides anabólicos?

2. Quem pode afirmar que outras substâncias farmacológicas não estavam sendo utilizadas no caso do óbito de alguém que aparentemente, também, fazia utilização de esteróides anabólicos?

3. Qual a dosagem de cada substância?

4. Em um determinado artigo de um jornal de circulação nacional, é narrada a triste história de um possível usuário de esteróides anabólicos, artigo este denominado de "Sobrevivente". Se o indivíduo em questão é um sobrevivente, onde estão todos os outros corpos?

Não me interpretem mal, mas não podemos tomar a parte pelo todo, não podemos assumir uma situação sem uma visão clara, apenas nos deixando levar pela parte emocional. No livro "Musculação Anabolismo Total" menciono que um assunto passa a ser emocional quando a emoção ultrapassa a razão. Apesar de terem passado alguns anos do lançamento deste livro, parece que a opinião pública regrediu quando o assunto é esteróides anabólicos.

Não restam dúvidas que o abuso de qualquer substância pode ser letal para a saúde. O excesso de água também pode matar, por isso muitas pessoas morrem afogadas. Sempre digo que a diferença entre o remédio e o veneno é a dosagem.

Vejam, esteróides anabólicos vêm sendo muito úteis para muitas pessoas, desde aquelas que sofrem de depressão a pacientes aidéticos, mas também vem colaborando para aqueles que querem manter ou aumentar a massa muscular desde que devidamente prescrito e controlado por um médico especialista. Repito, mesmo atletas que tendem a utilizar doses mais elevadas dessa droga, talvez encontrem nos esteróides anabólicos uma das drogas menos arriscadas que um atleta pode utilizar se comparado a outras potencialmente mais letais.

Por que ninguém comenta sobre os diuréticos e a insulina? O que essas pessoas têm contra pessoas mais musculosas?

Existem poucas evidências sobre os supostos efeitos nocivos dos esteróides anabólicos se comparado com outros medicamentos consagrados. Nos EUA, os esteróides anabólicos são classificados como drogas categoria classe A, sendo colocados na mesma categoria de drogas como cocaína e LSD, o que para os mais sensatos é um absurdo porque os esteróides anabólicos de forma nenhuma produzem dependência química.

Pessoas no mundo inteiro drogam-se em bases regulares. Qualquer substância química colocada em nosso organismo deve ser feita de forma criteriosa. Pessoas que se enchem de álcool todos os dias podem acabar morrendo de cirrose hepática. Morar em São Paulo é o mesmo que fumar de 5 a 10 cigarros por dia, quem duvida é só olhar para o céu que dá para ver a poluição. Por que os danos para os que abusam dos esteróides seriam mais ou menos malignos? É lógico que vale alertar, mas não fazer escândalo.

De novo, será que massa muscular incomoda tanto os mais fraquinhos que não tiveram peito de encarar um treino mais intenso na academia, e se sentem menos homens por isso? Esse é um comportamento bem primitivo, pois no meio natural o macho mais forte é o que cobre a fêmea. Nos dias modernos, o macho mais forte é o que tem mais dinheiro. No subconsciente de alguns desses enriquecidos fica guardada a hipótese de sua fêmea traí-lo com um macho fisicamente mais forte, porque entre elas, também pode haver o desejo de reproduzir crias mais fortes e saudáveis, o que não estaria intitulado ao magrelo ou ao barrigudo ricaço. Agora imaginem um sujeito gordo, pobre e sem valores, para esse infeliz só resta afirmar que cara forte é veado; sempre pelas costas, obviamente.

Por que não se critica também os triatletas e maratonistas com sua magreza cadavérica. Eu não consigo no momento pensar em algo mais agressivo ao corpo humano do que esses esportes, sem contar as catabolíticas horas diárias que esses dedicados atletas reservam ao seu treinamento. Será que ao final do dia eles têm mais energia do que os fisiculturistas para transar com suas namoradas?

A diferença é que o fisiculturista carrega o esporte no corpo. Muitos atletas de longa duração podem passar por anorexos, famintos da seca ou possuidores de alguma doença degenerativa, mas se declaram ser maratonistas, normalmente passam a ser respeitados. E quem treina com pesos é taxado de bombado e possuidor de um pau pequeno.

É engraçado, parece que falta um pouco de respeito, já escrevi sobre isso, mas continuo perplexo neste país. Aqui não é permitido ter preconceito contra cor, religião, credo ou classe social, mas sim quanto ao volume dos músculos.

Se uma pessoa comprovadamente tivesse morrido pelo uso dessas substâncias, valeria qualquer alerta, mas não um alarde sentimental e exacerbado. Aliás, desse tipo de terrorismo a moda do terceiro mundo, nós da musculação levada a sério já estamos de saco cheio.

É bom frisar que muitas drogas são consideradas ilegais, e se você for um atleta competitivo dos esportes os quais realizam testes *antidoping* e for pego, poderá, além de possíveis danos à saúde, sofrer também danos na sua reputação.

Também é verdade que atletas de elite do fisiculturismo ao redor do mundo já experimentaram todos os hormônios disponíveis, bem como qualquer outra droga que possa ter efeito ergogênico e outras drogas que possam minimizar os efeitos colaterais das consideradas ergogênicas. Incluo nessa lista drogas como os próprios esteróides anabólicos, insulina, hormônios da tireóide, IGF-1, clembuterol, efedrina, diuréticos, estimulantes e até narcóticos, como a nubaína, só para enriquecer esse maligno *cocktail*. Realmente, um preparado para que algo muito ruim venha a acontecer imediatamente ou lá pelo final do túnel, quem sabe?

Garanto a vocês que o sangue de muitos atletas de elite é uma verdadeira bomba química. De fato, eu mesmo não sei como alguns ainda estão vivos.

Vocês sabem o motivo dessa situação?

Ignorância, ambição de alguns atletas e total descontrole e incapacidade dos organismos legais em controlar a utilização de drogas, algumas totalmente indetectáveis nos exames *antidoping*.

Como não desejo ser "politicamente correto" pois não vou me candidatar a nada, sou dono do meu nariz e não tenho que assinar o ponto em nenhuma universidade, não preciso estar do lado da maioria para ter aprovação social e nem quero ser pastor ou canonizado, livremente posso dar o meu testemunho, nem que tenha que fazer alguns inimigos. Sei muito bem que os tenho, mas também tenho a consciência que os amigos que possuo são verdadeiros e não andam com uma espiga de milho enfiada no "busogulho" se fazendo de santo e fingindo ser o que não são.

Conheço muitas histórias de pessoas que cometeram absurdos para obterem um físico mais volumoso e passaram muito mal, também conheço pessoas que já se foram, provavelmente pelo abuso de várias drogas. Muitas dessas histórias já contamos, mas assumir que alguém tenha morrido apenas pela ação dos esteróides anabólicos; eu acho um pouco impreciso.

Muitos efeitos colaterais de longo e curto prazo são relacionados com o uso de esteróides anabólicos. Efeitos colaterais, como calvície e acne, não são ameaças à vida, mas podem ser psicologicamente preocupantes, ao passo que a hipertrofia da próstata é uma conseqüência que não pode ser ignorada.

## 1. CALVÍCE

A Dihidrotestosterona (DHT) faz com que o folículo capilar pare de exercer sua função: crescer cabelo. Homens com tendência à calvície têm mais concentração de DHT e afinidade a androgênicos no folículo do cabelo. Como medida paliativa, algumas pessoas utilizam androgênicos tópicos como minoxidil e polysorbate 80, mas com pouco ou nenhum resultado para a maioria. No entanto, parece que a persistência no uso dessas substâncias seja a melhor opção, pois o resultado se torna mais consistente após meses de aplicação contínua.

## 2. HIPERTROFIA PROSTÁTICA

Também se observa que DHT tem importante papel no mecanismo de aumento prostático. Esse problema acontece com homens de mais idade, nos quais naturalmente a quantidade de DHT é maior. Só nos Estados Unidos, ocorrem aproximadamente 400.000 prostatectomias anuais, isso é um problema sério para muitos homens, cuja solução é uma classe de medicamento denominado inibidor de alpha-redutase. Como o nome já diz, esse medicamento inibe a enzima que converte a testosterona em DHT. Uma dessas drogas, comercialmente disponível, denomina-se Proscar. Esse medicamento pode ocasionar efeitos colaterais, como impotência, perda de interesse sexual e dores de cabeça em um número pequeno de pessoas. Você arrisca?

## 3. ACNE

A DHT também se relaciona com a formação de acne por fazer com que a glândula sebácea produza mais óleo, combinando isso com bactérias do ar, pele seca e outros fatores. Como medida paliativa, pode-se utilizar remédios tópicos como retin-A, mas com a desvantagem de ocasionar vermelhidão na pele.

Os esteróides variam quanto a sua tendência em se converter em DHT. Drogas ricas em andrógenos, tais como metandrostenolone

(Dianabol) e oximetolona (Hemogenim), tendem a se converter rapidamente em DHT enquanto drogas, como oxandrolone (Anavar) e decanoato de nandrolona (Deca-Durabolim), não se convertem em DHT facilmente, não tendo dessa forma efeito pronunciado em relação à perda de cabelo, à acne e ao aumento da próstata.

Outros efeitos colaterais não necessariamente vinculados à produção de DHT podem também ocorrer.

## 5. AGRESSIVIDADE

Comportamento agressivo, ao meu entender, pode ser o pior efeito colateral do uso de esteróides. Os homens são normalmente mais agressivos do que as mulheres, desde que não estejam em fase pré-mestrual, devido a presença em maior quantidade da testosterona no organismo feminino. Apesar da agressividade ter um lado positivo na academia durante o treinamento, pode ocasionar sérios problemas sociais, como perda de controle no trato com problemas triviais diários que fazem parte da vida de todos nós, podendo também ocasionar alienação e distanciamento daqueles que nos deveriam ser caros: os familiares, os amigos e os colegas de trabalho. Novamente são os esteróides mais androgênicos que causam esse efeito mais acentuado. Se um atleta é mais maduro emocionalmente, terá meio caminho andado para controlar esses efeitos ou para decidir por uma droga menos androgênica.

## 5. HIPERTENSÃO

Ocorre que alguns esteróides tendem a reter água em várias partes do organismo, inclusive no sangue, fazendo com que este aumente de volume e, em conseqüência, de pressão. Os sintomas mais comuns da hipertensão são dores de cabeça, insônia e dificuldade respiratória. Essa pode também ser uma doença silenciosa, sem manifestações evidentes, o que a torna ainda mais perigosa. Dessa forma, o atleta sob o uso de esteróides deve medir a sua pressão arterial regularmente. Normalmente, a pressão limite é de 130/90 sistólica e diastólica, respectivamente, mas são necessárias algumas correções, dependendo da idade, sexo, diâmetro do braço, etc; por isso só deve ser medida e interpretada por um médico. O sódio é elemento agravante, de forma que deve ser limitado na dieta por usuários de esteróides. Drogas como Dyaside, Catapres e Lasix são utilizadas no tratamento da hipertensão, mas são administradas exclusivamente com controle médico.

## 6. LIMITAÇÃO DO CRESCIMENTO

Alguns esteróides, se utilizados por longo período ou em grande quantidade, têm como efeito colateral o fechamento prematuro dos discos de crescimento localizados nas epífises ósseas. Certamente este não é um problema para usuários maduros, mas uma preocupação para os mais jovens ainda em crescimento. Para esse problema, a única solução é acompanhar a administração de esteróides com estudos radiográficos periódicos para verificar se está havendo interferência no crescimento linea .

## 7. AUMENTO DO COLESTEROL

Os esteróides muito freqüentemente têm como efeito o aumento de LDL (mau colesterol) e a diminuição de HDL (bom colesterol). O aumento de LDL ocasiona o depósito de gordura nas artérias, aumentando o risco de enfarte e derrame. O aumento de colesterol plasmático normalmente retorna ao normal após ter cessado o ciclo de esteróides. Limitar o consumo de gorduras saturadas e aumentar as atividades aeróbias são recomendações úteis para esse caso.

## 8. VIRILIZAÇÃO EM MULHERES

Podem ocorrer efeitos como crescimento de pêlos na face, engrossamento da voz, hipertrofia do clitóris e amenorréia. Para esse caso, a escolha de esteróides com baixo componente androgênico é o melhor, muito embora esses efeitos sejam reduzidos ou desapareçam com o fim do ciclo de esteróides.

## 9. GINECOMASTIA

Este é um efeito colateral tão comum que escrevemos um capítulo só sobre ele. Leiam seus tetas de cadela!

## 10. DOR DE CABEÇA

Também ocasionada pelos esteróides mais androgênicos, é um dos efeitos da elevação da pressão arterial. Limitar o uso de esteróides altamente androgênicos e controlar a pressão arterial é a principal medida. O uso de HCG (gonadotrofina coriônica humana, ver em dicionário de drogas), também pode ocasionar ligeira enxaqueca.

## 11. IMPOTÊNCIA E ESTERILIDADE

No início de um ciclo de esteróide, normalmente o homem passa por um período de excitação sexual com aumento na freqüência de ereções. Porém, esse efeito tem duração de algumas semanas, revertendo-se gradualmente para a perda de interesse sexual. Essa redução de libido é resultado do cessamento ou diminuição na produção natural de testosterona devido à elevação excessiva de testosterona no corpo, proveniente da administração de esteróides anabólicos. Qualquer sintoma de impotência é temporário e cessa à medida que o esteróide deixa de ser administrado.

Atletas que fazem ciclos de esteróides muito longos, periodicamente administram HCG (gonadotrofina coriônica humana) em intervalos regulares, normalmente a cada seis semanas. Nesse caso, a HCG estimula os testículos a produzir testosterona natural, evitando assim os sintomas mencionados.

O HCG também é utilizado no final do ciclo de esteróides para acelerar a volta da produção natural de testosterona e muitas vezes para reduzir o intervalo entre ciclos de esteróides.

## 12. INSÔNIA

Os esteróides têm efeito estimulante no sistema nervoso central, o que pode provocar insônia. Para evitar o problema, os esteróides orais só devem ser administrados seis horas antes de ir dormir e os injetáveis logo ao acordar. O efeito também desaparece com a interrupção da administração.

## 13. HEPATOTOXICIDADE

Quase todos os esteróides causam lesão no fígado, sendo que os 17 alpha-alquelados são os mais tóxicos pela dificuldade de processamento. A maior parte das lesões promovidas no fígado são reversíveis tão logo que o uso do medicamento seja interrompido. Porém, efeitos mais sérios como icterícia somatizada pelo amarelamento da pele, das unhas e branco dos olhos é um sinal para imediata interrupção do medicamento e procura de orientação médica para monitoração das funções hepáticas. Acredita-se que o uso de *evening primrose oil* reduz a lesão hepática por repor no fígado ácidos graxos depletados pelos 17 alpha-alquelados. Os outros hepatoprotetores têm eficiência ainda duvidosa.

## 14. PROBLEMAS DE TENDÕES E LIGAMENTOS

Sob o efeito de esteróides anabólicos o músculo se torna mais forte pelo aumento no tamanho das fibras musculares e pela maior retenção de fluídos. Ocorre que muitas vezes esse aumento de força é desproporcional à capacidade de adaptação dos tendões e ligamentos (terminações que conectam o músculo ao osso) que têm esse processo mais lento. Em decorrência disso, muitos atletas experimentam inflamações, inchaço e até ruptura de tendões e ligamentos. A única forma de evitar esse problema, que pode retirá-lo do cenário por semanas ou meses, é obter ganhos progressivos e incluir periodicamente exercícios de alta repetição em seu treinamento com o objetivo de fortalecer os tendões.

## 15. CÂNCER

A mídia gosta de coisas fortes e emocionantes, sempre que podem, associam o uso de esteróides anabólicos com o desenvolvimento de tumores cancerígenos. Na verdade, esse parece ser um problema bastante raro e mais associado às drogas orais que são metabolizadas no fígado com mais dificuldade. A oximetolona e a fluoximesterona estão entre as mais tóxicas. De fato, a única maneira de ficar menos exposto a doença é evitar as drogas orais e fazer exames periódicos em seu médico.

Pessoas mais analíticas quanto mais vivem, mais se certificam do comportamento social como previsível. Toda vez que fico doente, o que é raro, morro. Sei que o meu resfriado vai se tornar câncer e acabará me matando. Se desapareço por 2 ou 3 dias ou perco uns 5 quilos logo surge o comentário que estou muito doente por abusar de esteróides, e meu pai, que é médico, está cuidando de mim. Alguns idiotas, incluindo uma professora da Universidade local, falam que é por causa dos "asteróides". Tamanha a ignorância, para estes talvez seja possível injetar a Lua no sangue ou comer um pedaço de Saturno. Se for computar, já tive vários cânceres e já fui a óbito várias vezes. Sei que muitos de vocês já sofreram com esse tipo de calúnia que só tem como objetivo causar alarde e nos degradar. Normalmente, lá estamos nós de novo em alguns dias incomodando os babacas e recalcados de plantão.

Estudamos alguns efeitos colaterais mais comuns, mas não pensamos nos possíveis efeitos em longo prazo. Na realidade, várias enquetes já concluíram que verdadeiros atletas não se incomodariam em viver alguns anos a menos em troca de algumas medalhas. Creio que várias garotas também optariam viver alguns anos a menos em troca de beleza e juventude. Nem precisamos projetar em longo prazo. Já imaginaram os riscos de cirurgias e tratamentos extremos de beleza, ou coisas que parecem tão simples como bronzeamento artificial, mas que pode desencadear câncer de pele?

De qualquer forma, é preciso mencionar que o uso prolongado de esteróides anabólicos pode reduzir a expectativa de vida e mesmo em pequenas dosagens, pode ocasionar sérias conseqüências e afetar a longevidade mesmo após ter cessado a utilização da droga. Essa afirmação é séria e foi feita por Bronson e Matherne em estudo publicado no *Medicine, Science in Sports Exercise* 29.5 (1997): 615-619.

Esse é um importante estudo, já que é o primeiro tentando medir o efeito de diferentes dosagens em longo período. O estudo foi realizado em ratos, obviamente, devido à similaridade de seu sistema fisiológico com o nosso. Em um grupo de ratos foi administrado alta dose de esteróides (20 vezes o nível fisiológico) a outro grupo dosagem média (5 vezes o nível fisiológico) e ao terceiro grupo não foi administrado droga alguma. Foram utilizados metandrostenolona, testosterona e cipionato de testosterona nos ratos pelo período de 6 meses consecutivos. Um ano após o início das dosagens, 52% dos ratos aos quais foram administradas doses elevadas de esteróides estavam mortos, 35% haviam morrido do grupo de dosagem baixa e apenas 12% do grupo controle (aos quais não foi administrada droga alguma). Ainda, a autopsia nos ratos anabolizados revelaram tumores no fígado e rins e distrofia do miocárdio.

Bem, alguns companheiros podem alegar que o estudo foi feito em ratos e não em homens e que outras coisas como treino e alimentação não foram controlados, e nem as drogas que combatem os efeitos colaterais. De fato, em homens ainda não sabemos as conseqüências em longo prazo, mesmo porque o uso abusivo iniciou-se na década de 1980 assim, teremos que esperar mais 10 ou 20 anos para melhores conclusões, até que usuários cheguem aos 50 e 60 anos de idade. Mesmo assim o alerta está dado.

Esses são alguns dos efeitos colaterais mais comuns. De novo, a melhor forma de evitá-los é não utilizar esteróides anabólicos.

## CAPÍTULO 7

# A PODEROSA E POR VEZES PERNICIOSA INSULINA

A insulina é um hormônio produzido no pâncreas sendo o hormônio regulador do metabolismo energético mais importante do organismo. Exerce múltiplas ações sobre o metabolismo e crescimento celular. A insulina transporta proteínas (aminoácidos) e carboidratos (glucose) para várias células do corpo.

Em termos simples, quando tomamos um copo de suco de laranja, esse suco é processado pelo sistema digestivo e transformado de frutose em uma forma de açúcar simples denominado de glucose. O aumento da concentração de glucose no sangue provoca a secreção da insulina perfundida em 30-50 segundos. Não é só a ingestão de açucares que provoca a liberação de insulina, como muita gente ainda considera, os aminoácidos provenientes da ingestão de proteínas também acionam a insulina, mas em quantidade menor.

A quantidade de insulina liberada na corrente sanguínea é proporcional à quantidade de alimento ingerido e também é relativa ao tipo de alimento que se consome. Essa resposta é plotada em um gráfico denominado de índice glicêmico. Carboidratos complexos tais como, batata, arroz e macarrão têm baixo índice glicêmico, enquanto carboidratos simples como, açúcar de mesa e glucose têm alto índice glicêmico.

Mas afinal, depois de todo esse tecnicismo, qual é a real importância desse hormônio para nós fisiculturistas?

Ocorre que a insulina tem um efeito **anabólico e anti-catabólico**. Anabólico porque aumenta o transporte de aminoácidos, principalmente os de cadeia ramificada (BCAA) para dentro do músculo, e anti-catabólico porque previne a quebra de proteínas intramusculares. Como mencionamos, a síntese de glicogênio também depende da insulina para transportar a glicose para dentro do músculo a fim de promover recuperação tecidual após o exercício físico. **Esses efeitos** da insulina criam um perfeito ambiente metabólico para o crescimento e reparação tecidual.

Mas ainda não é tão simples assim, ocorre que a insulina pode ser uma faca de dois gumes, ou de dois legumes como dizem alguns fisiculturistas mais toscos. Isso porque a insulina pode estimular o armazenamento de gordura e a produção de lipoproteina lipase (LPL), uma enzima que também trabalha no armazenamento de gordura. Quando aumenta os depósitos de gordura, tanto a insulina quanto a LPL são liberadas mais facilmente e em maior quantidade.

Por outro lado, a ausência de níveis adequados de glicose no sangue promove a liberação de um outro hormônio também produzido no pâncreas denominado **glucagon**. Insulina e glucagon são denominados hormônios contra-regulatórios, pois se opõe um ao outro. Quando a concentração de insulina cai, a de glucagon se eleva, ou seja, quando os níveis de glicose no sangue são baixos, o glucagon entra em cena. Ocorre que o glucagon é um hormônio catabólico que irá quebrar tecido para fornecer energia que o corpo necessita para se manter. Esse hormônio irá promover a degradação de glicose restante e de gordura, e como a construção de músculos é secundária, será muito difícil aumentar sua massa muscular.

Bem, mas como controlar a insulina a meu favor?

Existem regras simples a serem seguidas para que se utilize todo o potencial da insulina como agente anabólico e anti-catabólico e evitar o armazenamento de gordura.

**A)** Escolha corretamente os alimentos, consuma alimentos de baixo índice glicêmico durante o dia para manter energia constante na corrente sanguínea evitando assim a oscilação de insulina, o que pode causar rompantes de fome, armazenamento de gordura e hipoglicemia;

**B)** Como o exercício tem efeito tampão sobre a insulina, você tem a possibilidade de durante o treino fazer o uso de bebidas de alto índice glicêmico tais como, o Carbo Load, Gatorade e o Marathon. Essas bebidas, normalmente, além de glucose vem enriquecidas com minerais e algumas vitaminas, mas se o seu orçamento estiver em baixa um copo de água e duas colheres de chá de dextrose será o suficiente para ajudar em dia de treinamento rigoroso.

**C)** Já que aproximadamente até 90 minutos após o término do treino o corpo tem uma capacidade enorme de absorver nutrientes, é muito conveniente que se eleve os níveis de insulina para aproveitar todo o seu potencial. Dessa forma, após o treino é importante continuar a ingerir líquidos energéticos e realizar uma refeição altamente protéica, muito baixa ou zero em gordura e rica em carboidratos. **Essa fórmula é infalível para uma explosão de insulina e o aproveitamento de todo seu potencial para direcionar os aminoácidos diretamente para dentro da célula muscular.**

Lembre-se que nessa fase, a gordura também tem a sua utilização otimizada pela insulina e a LPL portanto, não ingira gordura nessa refeição. Gorduras também são importantes para nós fisiculturistas, principalmente as gorduras essenciais (EFAs) mas esse assunto é melhor discutido em nutrição.

Aprendemos como nos beneficiar naturalmente desse poderoso hormônio, estimulando e controlando a sua secreção na hora certa. Agora, estudaremos como determinadas substâncias vêm auxiliando fisiculturistas a salientar os efeitos da insulina indiretamente e também com a administração de insulina injetável.

A primeira substância que analisaremos é o **cromo**. Esse é um mineral relacionado com o metabolismo da glicose e possivelmente um co-fator da insulina. Experiências realizadas em ratos com administração de dieta baixa em cromo promoveram os sintomas de *diabetes mellitus* que desapareceram após a administração desse mineral. Estimulada por essas evidências, a indústria de suplementos para atletas passou a propagar o uso de **cromo na forma picolinato**, num esforço para salientar os efeitos anabólicos da insulina. Pode ser que a administração desse mineral funcione para pessoas com deficiência de cromo, mas eu particularmente não conheço nenhum estudo que comprove mudanças significativas na composição corporal de fisiculturistas que fazem administração de picolinato de cromo. Talvez valha a pena suplementar a dieta com esse mineral.

A próxima substância é o **vanádio**. Esse mineral entre outras atividades exerce papel semelhante ao da insulina (*insulin-like effect*), proporcionando maior tolerância à glicose, influenciando o metabolismo glicolítico e lipídico além de diminuir a concentração plasmática do colesterol. O **vanádio na forma sulfato** vem sendo administrado por fisiculturistas com efeito melhor do que o picolinato de cromo, segundo quem já utilizou os dois complementos. O sulfato vanádio parece aumentar as reservas de glicogênio intracelular tornando os músculos mais volumosos. Mas não é assim tão simples, tal como a insulina, esse mineral parece, também, ter o poder de armazenar gordura. Dessa forma, o melhor é controlar o consumo de gordura quando se administra esse mineral. A superdosagem é tóxica, ocasionando distúrbios gastrointestinais e coloração verde azulada da língua. É aconselhável, que a administração desse mineral seja ciclada em 8 semanas de uso e duas semanas de intervalo.

Acredito que necessitamos de mais estudos científicos comparativos entre esses dois minerais. Taí uma boa idéia para tese de mestrado dos CDF's.

O último recurso que analisaremos é o uso de insulina injetável por atletas, mas antes de seguirmos em frente é primordial salientarmos que **a administração de qualquer medicamento deve ser realizada sob a supervisão de um médico especialista o qual irá determinar as necessidades do cliente bem como regular a dosagem e/ou interromper a administração. A automedicação é perigosa e se tratando de insulina o erro poderá ser fatal, ocasionando até a morte!** As informações aqui contidas são baseadas naquilo que vem sendo utilizado por atletas que normalmente tem um ótimo respaldo técnico, condições de treino excelente e um rigoroso controle nutricional. Portanto, não brinque com a sua vida, ela é o bem mais precioso que você possui.

A insulina é um medicamento originalmente utilizado por pessoas diabéticas porque não produzem insulina em quantia adequada ou porque as suas células não reconhecem a insulina. No mundo do fisiculturismo, esse hormônio vem sendo utilizado com sucesso por aqueles que desejam aumentar o volume muscular, bem como definição e densidade.

A insulina, como já estudamos, é poderosa como agente metabolizador protéico, mas em contrapartida pode estimular o armazenamento de gordura. Sendo assim, como é que poderia ser utilizada como otimizador de densidade e definição principalmente antes das competições?

Explicarei já já, antes vamos estudar alguns fundamentos.

Existem dois tipos básicos de insulina que se pode administrar: 1) insulina regular, que tem ação rápida e inicia sua atividade logo após a administração e tem duração aproximada de 6 horas, mas o pico de ação fica entre 1 e 2 horas após a aplicação. 2) insulina lenta que tem um tempo de ação intermediário, o seu efeito inicia cerca de 1 a 3 horas após a aplicação, atingindo um efeito máximo entre 6 a 12 horas, mas pode ficar no sistema por aproximadamente 24 horas, sendo que esse tipo de insulina é mais imprevisível quanto ao horário de pico, podendo ainda ter vários por dia.

Existem diferentes fontes de insulina; pode ser de fonte suína, bovina uma mistura de ambas e humana. As insulinas suína e bovina em estrutura são idênticas à insulina humana produzida pelo nosso pâncreas, mas atletas comentam que existem diferentes reações quando mudam a fonte de insulina. Todos os tipos de insulina devem ser armazenadas na geladeira, mas não congeladas e devem também ser protegidas contra o efeito da luz. Quando em desuso por várias semanas, o frasco deve ser abandonado.

A insulina vem sendo utilizada em bases regulares por atletas que desejam um benefício extra desse hormônio. Esses atletas injetam a quantidade certa na hora certa e mantém um controle nutricional rigoroso para evitar hipoglicemia severa e também armazenamento de gordura. O pâncreas naturalmente já libera insulina quando aumentam os níveis de glicose na corrente sangüínea a fim de manter um equilíbrio glicêmico, mas quando insulina extra é injetada, os níveis de açúcar podem baixar muito e ocasionar a hipoglicemia. Se um atleta desavisado fizer aplicação de insulina logo de manhã cedo e só se alimentar de carboidratos complexos, não terá glicose suficiente na corrente sangüínea na hora em que a insulina der o seu pico. Os sintomas de hipoglicemia característicos são: sudorese excessiva, fraqueza, perturbações visuais, tremores, dores de cabeça, falta de ar, náuseas, podendo levar ao coma e à morte.

Se for impossível impedir que um atleta faça o uso da perigosa insulina para evitar os sintomas anteriormente mencionados, inclusive a morte, parece ser conveniente o consumo de pelo menos 10 gramas de carboidrato simples (glicose) para cada UI (unidade internacional) de insulina regular (lenta) administrada cerca de 30 minutos após a aplicação. Se o atleta tiver fazendo uso de insulina lenta, deverá se alimentar rigorosamente a cada duas horas e meia com uma mistura de carboidratos para garantir o controle da hipoglicemia a ainda assim andar com alimentos doces no bolso, tais como balas, chocolates e pastilhas de glicose em caso de hipoglicemia eminente. Lembre-se da característica imprevisível da insulina lenta. Com insulina circundante, sempre que o atleta fizer uma refeição lá estará a insulina para drenar glicose e os aminoácidos para dentro da célula. Creio que certas recomendações ao invés de estimular o uso de drogas, como alguns preferem mencionar, podem na verdade salvar vidas preciosas

É óbvio que o atleta não irá ingerir apenas carboidratos, irá manter também uma dieta rica em proteínas para que aproveite todos os benefícios da insulina no armazenamento protéico. O consumo de gorduras saturadas tem que ser muito limitado, mas deverá ser garantindo o consumo de gorduras essenciais (EFAs) como os óleos de peixe. É conveniente lembrar que o uso de insulina é incompatível com dietas pobres em carboidratos (dieta muito preconizada recentemente para fisiculturistas), o que evidentemente ocasionaria rapidamente um quadro hipoglicêmico e muito possivelmente a morte.

Um certo atleta de meu conhecimento resolveu flertar com a insulina. Apesar de estar consciente dos perigos, ao conhecer a correta dosagem e os mecanismos de funcionamento da insulina, realizou uma aplicação numa determinada tarde de verão do tipo 40 graus. Prostrado em função da aerobiose que tinha feito no período da manhã e pelo calor do verão, resolveu esperar os 30 minutos antes da ingestão de carboidratos que deveria seguir a aplicação da insulina no conforto de sua cama. Cansado acabou por cair no sono, quando percebeu os sintomas de hipoglicemia, que já estavam adiantados, começou a se debater na cama, mas não podia movimentar-se a ponto de sair do quarto e pedir socorro. Quando o pai, que estava na sala, notou uma movimentação no quarto, correu e encontrou o filho em péssima condição. Sem poder melhorar o seu estado, rapidamente o levou para o hospital mais próximo. Segundo narrativas, o atleta já estava em coma quando o seu parceiro de treino, notificado do fato pela mãe do atleta, correu para o hospital e esclareceu para que fosse injetada glicose, pois o atleta havia administrado insulina. Por pouco não foi a óbito. Vejam, poderia não haver ninguém na casa ou mesmo um amigo confidente que pudesse ajudar no diagnóstico e salvar uma vida. Muitos outros atletas já passaram muito mal e estiveram à beira da morte e outros, infelizmente, já se foram desta vida em função do uso de insulina.

**Moral da história**: Mesmo conhecendo tudo sobre o mecanismo da insulina, a droga apresenta sérios riscos, quem dirá entre aqueles que não têm conhecimento algum.

Mas e como se aproveitar da insulina em pré-competição?

A produção de insulina é otimizada junto com a dieta pré-competição naquela fase em que o atleta realiza a supercompensação de carboidratos após a fase de depleção. Só para resumir, antes das competições, os fisiculturistas sérios realizam uma dieta especial que consiste da depleção de carboidratos por alguns dias. Nesses dias (de 4 a 6 dias), os atletas não consomem nenhum ou quase nenhum carboidrato enquanto continuam a treinar a todo vapor, assim, todo ou quase todo o glicogênio armazenado no corpo é gasto. Há 3 dias da competição, o atleta passa a ingerir generosas quantias de carboidratos. Daí, o corpo depletado de carboidratos irá rearmazenar os mesmos, e por um mecanismo natural de auto-proteção, irá **supercompensar** as células tornando-as mais volumosas e os músculos mais aparentes.

A elevação da insulina, nesse caso, tem objetivo de drenar ainda mais os carboidratos ingeridos para dentro da célula muscular. Ocorre que se o atleta, nessa fase, não consumir quantidades suficientes de carboidratos, irá competir mais parecido com um "faquir indiano" e por outro lado, se consumir muito carboidrato, o excesso acabará por reter líquido subcutâneo, o que comprometerá a definição e assim o atleta poderá parecer mais com um balão inflado ou com a bolha assassina. A maior produção de insulina irá garantir que todo o carboidrato consumido seja drenado para dentro da célula, ocasionando um surpreendente efeito quanto à definição e volume muscular!

Lembre-se que é possível elevar a insulina naturalmente, não se aventure com aplicações exógenas ou poderá acabar no cemitério local!

## CAPÍTULO 8

# O MISTIFICADO GH

No meio médico, o GH é conhecido como somatotropina, hormônio secretado pela glândula pituitária. Esse é um potente hormônio anabólico que afeta todo o corpo humano, tendo funções como o crescimento muscular, ligamentar e cartilaginoso, influência na textura da pele, diminuição da lipólise e outros efeitos.

O GH não atua diretamente sobre os tecidos, e sim por intermédio da geração de um mensageiro que age causando a proliferação de tecidos ou em conjunto com outras substâncias. Essa família de mensageiros são chamados de *insulin growth factors* (IGFs).

A secreção normal do GH no corpo humano é estimada entre 0,4 e 1,0 miligramas (mg) por dia em homens adultos. A produção ocorre durante as 24 horas do dia e pode ser estimulada por uma variedade de condições, tais como: exercício físico (principalmente o de alta intensidade), o sono, estresse, algumas drogas como Glucagon, L-Dopa, Propanalol, GHB e GABA e certos aminoácidos. O GH é rapidamente metabolizado no fígado e tem uma vida ativa no sangue de aproximadamente 17 a 45 minutos, mais uma das razões pelas quais é atualmente quase impossível detectar o GH em exames *antidoping*.

No meio esportivo, o GH é conhecido como uma espécie de droga de elite pelo seu alto preço, mas também é cercado de incertezas quanto ao seu elevado poder anabólico e de "fritador de gorduras". Talvez o último seja o principal motivo de tanto interesse recente entre mulheres e homens que treinam pesado.

O GH também leva a fama de ser muito efetivo no fortalecimento do tecido conjuntivo, cartilagens e tendões, sendo assim muito popular entre alguns atletas de esportes que exigem muito desses tecidos.

Existem muitas histórias de pessoas que conseguiram montanhas de músculos e consumiram quilos de gordura às custas do GH. Creio que essas histórias são muito exageradas, mas como normalmente onde há fumaça há fogo, alguma verdade existe.

De fato a ciência não sabe, ainda, precisamente traçar como certos hormônios funcionam no corpo humano. A maioria dos estudos é realizada em animais e em culturas de laboratório, portanto, inconclusivos. Pegue os estudos originais em esteróides anabólicos que são verdadeiras bobagens. Baseados nesses primeiros estudos, muitos profissionais afirmavam, há apenas alguns anos, que essas drogas simplesmente não funcionavam para melhorar a *performance* atlética ou aumento da massa muscular. Na verdade, fora do meio científico há muito tempo atletas sabiam da eficiência dessas drogas, mas apenas recentemente, após 30 anos de utilização, é que pesquisas confirmaram que os esteróides anabólicos realmente tornam as pessoas maiores e mais fortes. Professores e Doutores, sabemos que alguns de vocês perderam o trem da história e alguns até caíram no chão, outros se retrataram pois tiveram a humildade para isso. É por isso que sempre recomendamos para que leiam artigos científicos atentamente, mas que observem os fatos empíricos também, lembrem-se que a verdade de hoje pode ser a incorreção de amanhã.

Pois bem, voltando ao GH, como terapia para o embelezamento e melhora na *performance* atlética, baseados no *underground* do fisiculturismo, sabemos que essa droga administrada separadamente não produz nenhum efeito expressivo, na verdade a droga é utilizada normalmente em combinação com a insulina, com algum esteróide anabólico mais androgênico e bloqueadores de cortisol, além dos hormônios da tiróide.

Hoje, em função de uma maior demanda, parece que a oferta dessa droga aumentou, o que obviamente fez com que os preços, antes estratosféricos, abaixassem substancialmente. Num passado não distante, era muito comum encontrar falsificações, algumas até grosseiras. Conheci um fisiculturista na Inglaterra que fazia ciclos de GH totalmente de graça e ainda ganhava alguns trocos para comprar esteróides. O safado, tipo de gente que se encontra em qualquer lugar, administrava o GH e substituía o pó liofilizado por açúcar de confeiteiro e o líquido diluente por água destilada e revendia o produto por preço maior do que pagara pelo original. Existem falsificadores que substituem o liofilizado por HCG e lactose. Com a queda do preço do original, essas malandragens vêm sendo desestimuladas.

O GH parece ter um efeito anabólico muito elevado apenas quando administrado em associação com outras drogas, especialmente com aquelas que tamponam a ação do cortisol, assim alguns culturistas profissionais utilizam a associação do GH com os esteróides anabólicos e/ou com a aminoglutemida (Orimiten). Quando a dosagem do GH é mais elevada ou a pessoa apresenta tendência ao aumento da resistência à insulina, tende-se a aplicar insulina exógena em conjunto com o GH. Já a utilização do hormônio da tireóide (T3) na associação parece completar a mágica. O T3 provoca diversas facilitações anabólicas como o aumento na secreção natural de GH, a superregulação dos receptores de GH e IGF-1, e ação termogênica. Os desavisados talvez queiram exagerar na dose desse hormônio e poderão cair num abismo. É bom frisar que o T3 é mantido em dose normal elevada e não em dose suprafisiológica. Um pouco a mais ou um pouco a menos pode ocasionar um profundo desequilíbrio homeostático no organismo, como aumento de gordura corporal rapidamente como ação rebote ao se descontinuar a droga, perda de massa muscular quando a dose é muito elevada e até o fechamento definitivo da produção natural de T3, tornando a pessoa dependente da droga.

Só o exame laboratorial pode indicar o nível do T3. Assim, é possível um ótimo efeito sinergista, permitindo ao atleta ingerir mais calorias sem engordar, mantendo um percentual de gordura muito baixo.

Vejam que o GH requer condições especiais para que faça efeitos positivos e expressivos.

Um determinado Mister Olympia me confessou que utilizava uma única aplicação de GH por semana, pois, segundo ele, após ter utilizado muito GH de forma convencional, provavelmente teria ocorrido em seu organismo tamanha super-regulação de receptores que uma única dose por semana já faria o milagre. Ele parecia sério a esse respeito, o que somado a sua massa muscular me pôs a pensar. A mesma recomendação foi passada a um jovem fisiculturista profissional que em pouco tempo de carreira se qualificou para o Olympia.

Vejam que nessas informações do *underground* não existe quase nada de científico, talvez a dosagem única semanal tenha sido baseada em algumas propostas de tratamento contra o envelhecimento aplicado em geriatria, talvez apenas em decorrência dos processos de tentativa e erro. Enfim, quem irá tentar? A responsabilidade deve ser individual e não coletiva, o que não podemos é ser tratados como eternos adolescentes oligofrênicos a quem nada pode ser revelado ou comentado.

Mulheres a exemplo dos esteróides anabólicos, parecem reagir bem com a metade da dosagem.

O GH pode apresentar alguns efeitos colaterais sendo que alguns podem colocar a própria vida em risco. Mesmo após a fase do crescimento, esse hormônio pode fazer crescer alguns ossos mais planos que ainda apresentam resquícios de tecido cartilaginoso como os ossos frontais, a mandíbula e as falanges. O crescimento ósseo e espessamento do tecido conjuntivo podem provocar a Síndrome do Tunel de Carpo. Existe também a associação de GH com a ocorrência de certos tipos de câncer. Como o GH causa resistência à insulina, também pode causar hipoglicemia e diabetes. De novo, por isso normalmente é utilizado com aplicações simultâneas de insulina, principalmente quando a dosagem é mais elevada. Tecidos vitais como o fígado, baço e coração também aumentam de tamanho já que o hormônio age também na musculatura lisa com exceção dos olhos e cérebro. Alguns fisiculturistas profissionais parecem estar "grávidos", tamanha a protusão abdominal causada pelo óbvio abuso do GH. Imaginem se, além disso, ficassem zolhudos e cabeçudos?

Como podemos observar, o GH é um hormônio que necessita de muitos cuidados na administração em função de sua complexidade, sendo que mesmo no *underground* da musculação profissional, existem diferentes sugestões nas formas de administração. Talvez o grande segredo esteja na correta associação, e isso é algo muito individual em termos de dosagem e escolha das drogas.

Acreditamos que nessa altura do campeonato, já alertamos o suficiente quanto ao problema ocasionado pela automedicação, mas sempre vale a pena lembrar que drogas farmacológicas só devem ser dosadas e prescritas por médicos especialistas. O nosso objetivo é apenas informativo e jamais induzir a utilização de medicamentos.

# CAPÍTULO 9

# OS CICLOS

Ciclo curto, 78
Ciclo médio, 78
Ciclo longo, 78

## IMPORTANTE!

É conveniente salientar que os exemplos que iremos mencionar são baseados em estratégias utilizadas por alguns atletas e que não existe qualquer ciência relacionada a esses ciclos. O que segue são exemplos de estratégias puramente empíricas, não havendo nenhuma garantia de segurança quanto a manutenção da saúde. Em nenhum momento menciono que dada substância é completamente segura. O objetivo é puramente informativo e busca auxiliar as pessoas mais expostas e vulneráveis às drogas. Toda droga possui riscos conhecidos e desconhecidos em curto, médio ou longo prazo; algumas, inclusive podem provocar óbito.

Existe uma crença que a combinação de esteróides funciona melhor do que a utilização de apenas um deles. Se por um lado essa crença parece ser indiscutível, por outro é bem certo que determinadas combinações, apesar de parecerem produzir melhores efeitos quanto ao aumento da força e massa muscular, também salientam os efeitos colaterais. Podemos citar como exemplo a combinação de drogas muito androgênicas como oximetolona e cipionato de testosterona. Pessoas utilizando essas drogas combinadas parecem bolhas de água ambulantes, prontas para desenvolver uma bela ginecomastia e demais efeitos colaterais se medidas preventivas não forem adotadas.

Se a combinação conter algo como nandrolona e stanazolol, os efeitos colaterais não serão tão pronunciáveis.

Mais uma história da vida real. Se parece com as anteriores, mas é ligeiramente diferente: conheci um fisiculturista, que administrava via oral ou injetável, todas as drogas nas quais conseguia colocar a mão. Não pensava em dar um intervalo, na meia vida dos produtos ou sequer na sua origem. Na verdade não ligava para a saúde sendo que a maior parte do dinheiro que ganhava era voltado para a aquisição de drogas e que se danem outras necessidades e as pessoas que viviam ao seu lado.

Durante algum período, o nosso herói às avessas conseguiu ganhar bastante peso e admiração de algumas pessoas, passando a sentir-se mais confiante e mais "macho". Porém, depois de alguns meses, acabou o seu dinheiro e com isso o seu mega ciclo. Em poucas semanas o nosso "herói" perdeu todo o peso conquistado como um balão que se murcha. Deprimido pela rápida perda entrou em depressão, o que passou a catabolizá-lo mais ainda, ficando menor do que era antes do ciclo. Passou a ser vítima de comentários pejorativos vindo das mesmas pessoas que o havia anteriormente elogiado. Para sair do paradoxo, guardou todo dinheiro que podia até conseguir comprar mais drogas. Ganhou peso novamente e resolveu continuar no ciclo indefinidamente, como uma espécie de deletéria "vingança pessoal". Mas após alguns meses de constante administração, se salientaram os efeitos colaterais, tais como armazenamento óbvio de gordura sexual feminina e ginecomastia que podia ser observado por debaixo da roupa. Nos primeiros meses, o "fisiculturista" exibia orgulhoso o seu físico. Mas com os efeitos colaterais, as camisetinhas sem manga usadas pelo "atleta" tornaram-se camisas com manga e os shorts se tornaram calças para esconder as anomalias. Para sua sorte, acreditem, o dinheiro se tornou escasso novamente. Então, o nosso "atleta" se deparou com uma armadilha e uma importante questão em sua mente altamente perturbada:

Como parar agora com as drogas e "continuar a ser homem"?

Obviamente, sem a devida resposta e dinheiro, teve o nosso atleta que parar com as drogas e com o seu fisiculturismo. Alguns anos depois o cidadão reapareceu, já casado. Muito abatido me disse que sofria de oligospermia e não podia engravidar a mulher, queria que eu indicasse algum médico que pudesse tratá-lo.

Mesmo atletas mais informados que permanecem por muito tempo em ciclo de esteróides e tomam o devido cuidado para retornar a produção natural de testosterona durante o próprio ciclo com aplicações de HCG ou drogas, como Clomid e demais medidas para evitar efeitos colaterais, se deparam com uma armadilha ao final de um ciclo prolongado, pois sabem que ao parar perderão boa parte da massa muscular conquistada.

Qualquer pessoa que decida entrar em um ciclo de drogas, deve no mínimo, assumir as possíveis conseqüências e pelo menos planejar o ciclo do início ao fim. Para isso, é necessário saber a meia vida de cada droga para poder parar na hora certa. Se a pessoa resolve utilizar Durateston num ciclo de oito semanas, deveria administrar a última dose da droga ao final da quarta semana, isso porque Durateston tem meia vida de 4 semanas. Nas semanas finais, seria conveniente mudar para drogas com meia vida menor como o propionato de testosterona ou algumas drogas orais que perduram por horas apenas.

Existem pessoas que se entopem de drogas nas primeiras semanas. Algumas dessas drogas ocupam os receptores específicos e o restante das moléculas permanece no sistema pronunciando efeitos colaterais.

Os que insistem em fazer o uso de esteróides deveriam ao menos manter doses relativamente baixas e estáveis.

O segundo ponto importante é procurar utilizar ciclos curtos. É mais inteligente subir uma escada degrau por degrau, vagarosamente, do que tentar subir rapidamente, mas quando estiver quase no final, escorregar e cair de bunda no chão.

Observem que as drogas permanecem no sistema por algum período ocupando os receptores celulares, mas o nosso organismo irá eliminar as drogas dos receptores desde que cessada a administração. Essa eliminação ocorre de forma bastante ágil mas de acordo com seu próprio compasso. Algumas drogas, como vimos, permanecem no sistema por mais tempo que outras. Os receptores devem estar livres para receber novas moléculas ao final de um ciclo. **Se o ciclo é de 8 semanas, ao final da oitava semana, os seus receptores devem estar liberados, quem sabe para um novo ciclo.**

## 1. Ciclo curto

Existe uma tendência mais recente difundida entre alguns atletas experientes como os profissionais de fisiculturismo, em fazer ciclos mais curtos. Apenas os mais inconseqüentes insistem em ciclos muito longos, mas essa é uma prática cada vez menos comum. **Um ciclo curto tem um período de 8 a 10 semanas. Com 5 a 6 semanas de administração de drogas e de 3 a 4 semanas, pelo menos, de intervalo sem absolutamente droga alguma.** Esse tipo de ciclo permite menores intervalos de descanso entre os ciclos. Lembram-se do exemplo da escada? Esse tipo de proposta calca-se em escalar degrau por degrau pacientemente.

Voltando ao capítulo da Guerra Metabólica: antes que o seu processo homeostático tenha que corrigir qualquer desequilíbrio, você cai fora, como uma bateria de artilharia que atira suas granadas no terreno e se desloca o mais rápido possível antes que granadas do exército inimigo a atinja de volta.

## 2. Ciclo médio

Neste tipo de ciclo, o usuário fica mais exposto aos efeitos colaterais das drogas, mas não diria o mesmo quanto a intensificação dos efeitos anabólicos se comparado empiricamente com um ciclo curto ao final do período de um ano. **Um ciclo médio tem a duração de 12 a 15 semanas, ao final das quais, os receptores devem estar totalmente livres. São de 8 a 9 semanas no ciclo e 4 a 6 semanas de intervalo pelo menos antes de um novo ciclo.**

## 3. Ciclo longo

Ciclos longos com mais de 10 semanas com aplicação de drogas caíram em desuso, mas ainda são utilizados nas vésperas de competições sendo que a última semana coincide com a semana do dia D (o dia do show). Desnecessário falar sobre os riscos ainda maiores, não é?

E longos períodos de descanso?

Não restam dúvidas que os usuários se beneficiariam de períodos com meses de descanso, melhor ainda se conseguirem conviver de bem consigo mesmo sem ciclo nenhum quando o desejo é puramente cosmético em detrimento da saúde.

Conheço alguns ex-fisiculturistas profissionais que mesmo após terem abandonado as competições mantêm-se felizes. Orgulhosos pelas suas incursões vitoriosas no mundo da musculação, mas vivendo muito bem sem a enorme massa corporal do passado, pois passam a focalizar a vida de outra forma. Quem pode afirmar que Arnold Schwarznegger não é mais feliz agora que não é mais gigantesco? E Dorian, ele mesmo me disse que agora leva uma vida muito mais relaxante porque não tem mais o estresse das competições, mas dá muito valor pelo que conquistou, logicamente. Enfim, essas pessoas certamente não se tornaram menos homens. Tudo é uma questão de focalização.

Se você é mais jovem, não pense que o tempo não passará. Às vezes pessoas mais jovens são inconseqüentes de mais e desprezam as mais velhas quando na verdade deveriam ouví-las e respeitá-las. É simples, quem tem 50 anos já teve 20 um dia, mas quem tem 20 não sabe se um dia terá 50. Não é assim?

Eu digo isso porque sei que muitos jovens imediatistas, que querem ficar fortes logo, a qualquer custo, poderão vir direto para este capítulo e tentar resolver o seu problema sem a devida estratégia ou mesmo sem dar chances primeiro a genética. Essas pessoas devem ser contidas e estimuladas a pensar antes de tomar decisões que poderão afetar toda uma vida.

**Finalizando o assunto:**

De fato, os esteróides possuem uma grande capacidade em promover crescimento muscular e aumentar a força, por outro lado, podem provocar efeitos colaterais como calvície, erupções cutâneas, aumento da próstata e outros. Repassando alguns pontos:

• Embora todos os esteróides possuam uma mesma origem, eles diferem em efetividade, variam quanto ao tempo que permanecerão no organismo, a salientação dos efeitos colaterais, habilidade de se ligarem a receptores celulares e outros.

• Quanto mais efetiva é uma droga, maior o seu potencial em provocar efeitos indesejáveis. A droga perfeita seria 100% anabólica e 0% androgênica, mas ela não existe.

• Cada pessoa tem uma distribuição peculiar de receptores celulares, o que afeta diferentemente tanto os efeitos desejáveis como os indesejáveis.

• Os efeitos indesejáveis podem ser minimizados com a utilização de outras medicações, mas estas podem causar outros efeitos colaterais.

• Administrar vários esteróides anabólicos ao mesmo tempo fará com que um compita com os outros por receptores celulares. O excedente ficará no sistema pronunciando efeitos indesejáveis.

Treine sério e concentrado e procure ficar fora de drogas farmacológicas, explore o seu potencial genético!

## CAPÍTULO 10

# CIÊNCIA *ANTIDOPING*: UMA CIÊNCIA LONGE DE SER PRECISA

Como introdução a este capítulo reescrevo de forma adaptada dois artigos: "*Big Brother* na Academia" publicado na Revista *Muscle Inform* e "O fisiculturismo não será mais um esporte olímpico. Quem liga pra isso?" São dois artigos que considero interligados e que tem muito a ver com esta espúria discussão sobre o uso de drogas no esporte.

Muitas pessoas gostariam de viver em um mundo perfeito e puro sem qualquer tipo de drogas, miséria, doenças, estresse, desigualdade social e blá,blá,blá. Algo como **utopia** proposta por Thomas More no século XVI, a versão sócio-econômica da mística Shangrilá. Em nossa Era, provavelmente encontraremos maior proximidade deste tipo de sociedade perfeccionista nas civilizações mais primitivas. Quanto mais primitiva, mais pacífica e igualitária, portanto, utópica.

Vejam que os problemas sociais entre a nossa espécie tais como, a inveja, o roubo e os primeiros conflitos entre tribos, começaram a partir do momento em que aprendemos a cultivar a terra eficientemente (idade agrícola) pois a partir daí passamos a produzir mais do que consumíamos, sendo o excedente armazenado, o que causava cobiça por parte de outras tribos mais primitivas, com carência de suprimentos, ocasionando o roubo, pilhagens e as guerras. Então, surgiram também as primeiras fortalezas e criaram-se as primeiras milícias e exércitos.

Vejam, quanto mais primitivo mais justo, porém, paradoxalmente, quanto mais desenvolvido e tecnológico, mais injusto e desigual. Hoje, a única potência mundial é a que mais polui o restante do planeta com monóxido de carbono e com a miséria. A utopia de More torna-se cada vez mais a antiutopia de Orwell.

Voltando aos "sonhadores" que desejam que as pessoas vivam em um mundo perfeito e sem drogas. Por inocência ou pura hipocrisia, pretendem dragar pessoas do mundo real para o seu mundo imaginário. Algo como querer convencer um empresário de Wall Street a viver como os

Oiapoques em plena Manhattan. Ocorre que esse surrealismo não pode "libertar" a alma humana. Não é retirando dos seres humanos o mais divino de seu dom chamado livre arbítrio, que conseguirão criar uma sociedade mais saneada. No máximo conseguem, em alguns segmentos, criar um mundinho pequeno e doentio. Doentio porque quanto mais se espreme, mais sai pelo vão dos dedos. Muitos desses puristas que escrutinarão este livro, o lerão trancados no banheiro. Neste sonho, distúrbios malignos acontecem na vida real.

Além do que muitas pessoas achariam altamente aborrecedor viver num mundo tão perfeito. Obviamente, muitos se vendem a esse tipo de ilusão preferindo viver um sonho ao estilo do paraíso vendido por tantas instituições religiosas ou na mente eletrônica do filme Matrix.

Em um desses programas de televisão, um ex-bombado e redimido *Personal Trainer* lançou mais uma de suas preciosidades mencionando que, em uma das academias na qual trabalha, é controlado rigorosamente se alguém está utilizando ou comercializando drogas. Para isso, a direção da famigerada academia mantém câmeras de vídeo, no estilo **Big Brother** ou **Casa dos Artistas**, se preferir.

Analisem o surrealismo: o aluno na academia é o empresário em estado Oiapoque, assim que ele sair da academia será lançado em Wall Street. Em breve perderá a noção do que é sonho e o que é realidade.

Voltando às câmeras, creio que se o controle for total, os garotos mais tímidos e os namorados das meninas que freqüentam os vestiários poderão ficar um pouco insatisfeitos com tamanha invasão de privacidade, ou será que os donos do mencionado estabelecimento pensam que dentro do vestiário ninguém irá vender ou aplicar drogas? No mesmo programa, também foram dados alertas sobre os "perigos mortais" dos esteróides anabólicos.

Será difícil observar a diferença entre os programas de televisão nos quais as pessoas são vigiadas voluntariamente e um estado policial?

Vejam a que ponto chega a incoerência humana, apesar de já termos ultrapassado a muito o período de censura e repressão neste país, ainda existem indivíduos que por motivos puristas ou políticos aterrorizam as pessoas com informações evasivas, inconclusivas e exacerbadas a respeito do uso de drogas utilizadas no meio esportivo como mais uma tentativa de conduzí-las para um paraíso imaginário.

Principalmente os jovens, em sua utopia ou bigorexia, são muito vulneráveis ao uso e abuso dessas drogas que podem, realmente, colocar em sério risco a manutenção da saúde ou da própria vida, "tornando o sonho um verdadeiro pesadelo". A diferença entre o remédio e o veneno é a dosagem. Ácido acetilsalisílico também mata, porém, puristas, a partir do momento em que aqueles jovens observarem que depois de algumas doses de Deca-durabolin puderam ganhar alguns quilos e não sofreram nenhum efeito colateral pronunciável ou sequer morreram, jamais voltarão a acreditar em vocês ou ouvir sequer uma palavra que têm a dizer e não aceitarão mais viver no **Matrix**.

Essa campanha impressa por esses puristas é a campanha na contra mão. É a mesma coisa que querer combater a violência no Brasil somente com a contratação de polícias e construção de presídios, fechando os olhos para o verdadeiro problema: a miséria em que vive a maior parte de nossa população, obrigada a sobreviver com salário mínimo. É o inferno de Aldous Huxley, prevendo um futuro negro para a humanidade caracterizado por um processo de auto-aniquilação imposta por nós mesmos.

Longe de Eldorado ou Aruanda, a raiz do problema deve ser combatida com transparência e honestidade. Cada vez existem menos pessoas que acreditam em fisiculturistas monstruosos que aparecem na televisão dizendo que conseguiram aquele volume de músculo sem o uso de drogas e cada vez existirão menos pessoas que acreditarão na inocente imagem que se pretende passar de que os esteróides anabólicos só têm efeitos colaterais e que são potencialmente mortais.

Muitas pessoas se tivessem que escolher entre o subsolo da melancolia e o substrato da esperança ficariam com Pasárgada ou Sodoma e Gomorra.

Recentemente recebemos a notícia de que o fisiculturismo não seria mais um esporte olímpico como era esperado pela IFBB internacional. Mas o fato do esporte ser olímpico interessa realmente a quem?

O fortalecimento de uma modalidade a partir do momento em que ela se torna olímpica é um fato, pois terá mais chances de obter verba dentre outros benefícios. Por outro lado, diversos esportes não são olímpicos e gozam de um tremendo *status* como o golfe, por exemplo. Outros esportes na modalidade olímpica se tornam inexpressivos quando comparados ao similar profissional, como o futebol de campo, ninguém pode comparar a importância de uma competição olímpica de futebol e a Copa do Mundo ou o glamour de Roland Garros e Wimbledon e a similar olímpica no tênis, ou mesmo a emoção de uma luta profissional de Mike Tyson ou de Popó e a modalidade olímpica correspondente. Não restam dúvidas que em outros esportes, normalmente quando não tem o correspondente profissional, como o atletismo e a natação, têm como um de seus principais palcos os Jogos Olímpicos.

E o fisiculturismo como se pareceria? Quem iria competir? Os atletas daquelas competições "naturais" que ocorrem nos EUA? Ou atletas que só administram drogas indetectáveis nos exames *antidoping*? Seria a mesma comparação de uma competição como o Mister Olympia ou o basquete da NBA e as similares olímpicas?

O atleta de fisiculturismo, normalmente é um solitário que dedica 24 horas de seu dia ao esporte apesar de não treinar, normalmente, mais do que uma hora no ginásio. O esporte é também o seu descanso, todas as refeições diárias e demais procedimentos que ninguém poderá fazer por ele. Solitário estará *on stage*, talvez este seja o mais solitário e radical dos esportes, afinal é o limite do desenvolvimento físico o qual o atleta carrega 24 horas. Ninguém fica escalando uma montanha ou saltando de pára-quedas o dia inteiro e dia após dia.

Será que Ronnie Coleman e Jay Cutler estão muito tristes porque o fisiculturismo não será um esporte olímpico? Em inglês normalmente se diz: *Who Cares?* (Quem se importa?).

Não sou totalmente contra as Olimpíadas, mas certas situações têm caráter visivelmente político. Provavelmente alguns dirigentes acham o visual de um fisiculturista "politicamente incorreto" e um mau exemplo para os jovens, principalmente se baseados no desenvolvimento físico dos profissionais. O Comitê Olímpico deseja manter uma aparência amadora para os jogos, apesar de que diversos atletas e dirigentes ganham rios de dinheiro com Olimpíadas. Mas qual seria o padrão de discernimento entre o "aditivado e o natural", entre o "aceitável e o boçal?" Talvez algo como: com testículos amador, sem testículos profissional? Ou: abaixo de 40cm de braço amador, acima de 60cm profissional, quem tiver no meio, só em caso de dúvidas, está desqualificado. Pois é, a luta continua solitária.

Quiçá todos os atletas pudessem, realmente, competir em pé de igualdade financeira e de forma natural, sem o uso de aditivos químicos, ou mesmo como isso, atualmente, não é possível que todos tivessem igualmente acesso às drogas que favorecem a *performance*. Estamos cansados de saber que a ciência *antidoping* não é uma ciência precisa.

Então se monta o circo. A cada 4 anos uma nação é escolhida pelos seus "méritos" como sede dos Jogos Olímpicos. O repetitivo show começa com aquelas tradicionais e apoteóticas aberturas com balés e coreografias minuciosamente ensaiadas e o tradicional desfile das delegações de vários países, alguns que a gente nem sabia que existia. Imaginem só a piração dos desavisados se o Mister Olympia com seu corpo brilhando a óleo e a sunguinha tradicional fosse acender a Pira Olímpica.

Pois bem, creio que em um regime democrático devemos ter igualdade às informações, por isso sinto-me no direito de informar quanto a imprecisão dos testes *antidoping*.

É bom também que se esclareça que existem muitas provas em que os atletas definitivamente não necessitam de nenhuma droga para melhorar a sua *performance*, esses atletas são baseados em treinamento, aptidão e muita dedicação, mas se você for competir em alguma das muitas provas controladas por exame *antidoping* e se sagrar campeão com o seu sangue e sua consciência limpos, considere-se um verdadeiro herói. É mais ou menos igual a um calhambeque queimando óleo diesel vencendo um carro esporte de última geração. Agora se quiser competir em pé de igualdade talvez deva, infelizmente, pensar na possibilidade de utilizar um dos inúmeros truques que existem para burlar o exame *antidoping*. Aliás, conheço alguns técnicos que preferem colocar seus atletas em competições controladas, pois para eles o desafio de burlar os exames *antidoping* é mais estimulante. Imaginem que criar e aplicar métodos para criar falso negativo ou utilizar um conjunto de drogas imperceptíveis nos exames *antidoping* pode ser visto dessa forma! Em provas sem controle, como em algumas de fisiculturismo, é fácil. Drogas mais androgênicas em *off season* e menos androgênicas *pre contest* mais as aceleradoras do metabolismo e pronto. E quando existe a possibilidade de exames? Como burlar e manter a mesma qualidade?

Algumas vezes atletas são pegos em exames e passam, no mínimo, por um grande problema.

Alguns atletas de renome internacional já foram pegos com exame positivo para esteróides anabólicos e têm normalmente como positivo, drogas cuja substância ativa permanece por mais tempo no organismo, como a nandrolona.

Alguém já noticiou atleta sendo pego por uso de propionato ou oximetolona? O atleta que utiliza essas drogas tem que ser muitíssimo descuidado para ser pego.

Pois bem, para completar, algumas vezes o atleta inadvertidamente utiliza drogas clandestinas que proclamam ter uma substância ativa, mas na verdade possui outra de duração maior e lá está o atleta nos noticiários esportivos.

Certa vez um conhecido na Inglaterra foi até a casa de um desses traficantes de esteróides para abastecer o seu pequeno comércio local e escolheu levar algumas dezenas de nandrolona, trembolone e sustanom. O traficante, sentado em frente a TV, assistia ao jogo de futebol e tomava mais uma de suas cervejas.

– Quero levar 40 frascos de cada.
– Companheiro, é só pegar aí no armário (sem tirar os olhos da TV).
– Mas os frascos estão sem rótulos.
– *Fuck in hell mate, it was fault...* Os rótulos estão na caixa embaixo do armário cara.
– Ok, mas que rótulo vai com que frasco?
– Porra meu, que diferença faz? *Goool.....*

## CAPÍTULO 11

# GORDO É O SEU PAI!

O controle do peso além de ser uma questão matemática é também uma escolha pessoal. Só basta nos conscientizarmos disso. Explico melhor: a questão é matemática considerando que se ingerirmos menos calorias do que gastamos perderemos peso, se a ingestão for igual ao gasto o peso será mantido estável, mas se ingerirmos mais calorias do que gastamos, tenderemos a armazenar o excesso, porque armazenar energia é uma das coisas que o organismo melhor sabe fazer.

Isso advém desde os primórdios da existência do *homo sapiens* na face da Terra. Nesse aspecto os nossos genes não evoluíram muito, nos últimos 100.000 anos, eles ainda estão adaptados para sobreviver a diferentes tipos de dieta. Mais recentemente, na escala da evolução, os nossos ancestrais podiam ser bem sucedidos em uma caçada podendo, assim, sobreviver por algumas semanas dos animais que haviam abatido, outras vezes podiam ter suas plantações devastadas por condições climáticas e ter que sobreviver a um regime de baixas calorias. Esse processo natural proporcionou ao homem tecido adiposo com capacidade quase ilimitada para armazenar energia e um sistema anabólico-enzimático muito adaptativo de forma que essa "balança energética" pode ser manipulada por fatores externos contrários a nossa vontade, mas pode ser uma escolha também.

É a diferença entre ter o prazer de ingerir muitos alimentos saborosos diariamente, porque comer também é um prazer, mas ficar gordinho, ou comer mais sensatamente e ter o prazer de ir a praia ou de se olhar no espelho e se sentir bem. A decisão fica por conta de cada um. Muito embora optar por comer muito leva ao excesso de gordura corporal e existe uma tendência quase ditatorial que ser chamado de gordo é ofensa. Na verdade os gordinhos carboidratados parecem bem felizes porque a presença dos carboidratos afeta a captação da serotonina, hormônio que causa, entre outros, o sentimento de satisfação. Visto por esse prisma, parece algo bastante lógico e simples, mas dependências emocionais muitas vezes devem ser trabalhadas por especialistas, entretanto a conscientização do mecanismo já pode ser um bom começo para todos que desejam controlar o peso.

É importante salientar que muito embora existam diversos programas radicais de dieta para perda de peso, não há necessidade de passar fome ou se privar de alimentos saborosos para alcançar o seu objetivo. Creio que uma dieta bem programada não deve permitir que a pessoa perca mais do que 0,8 – 1,5 Kg de peso corporal por semana (variação dependendo das dimensões corporais do cliente). Perda ponderal muito rápida e elevada coloca em risco a saúde da pessoa e provoca a perda de massa muscular.

E no mundo do nosso fisiculturismo, como que o excesso de peso em gordura vem sendo combatido?

Muitos atletas na esperança de aproveitar todas as condições anabólicas ficam muito mais gordos do que isso o ano todo e depois têm que se sacrificar muito para se enquadrar dentro de uma composição corporal ideal ou dentro de sua categoria de peso, perdem peso ao longo das semanas, mas com este, boa parte da massa corporal conquistada com tanto sacrifício também se esvai.

Não resta dúvidas que uma alimentação hipercalórica provoca uma série de efeitos anabólicos desejáveis. Principalmente nas duas primeiras semanas de superalimentação, os hormônios anabólicos testosterona, GH (IGF-1) e insulina são liberados em perfeita proporção e quantidade para propiciar o anabolismo muscular. Porém, um período muito prolongado de superalimentação, além de promover ganhos de massa magra, também provoca o acúmulo indesejável de gordura. Dessa forma, o atleta natural tem a opção de se beneficiar da superalimentação e manter níveis razoáveis de gordura corporal, alternando dieta hipercalórica e hipocalórica e não se mantendo num mesmo tipo de dieta durante meses. Parece ser o mesmo processo que configura o treino com pesos, é muito conveniente mudar periodicamente o sistema de treinamento, haja visto que o corpo humano tende a se estabilizar com atividades muito sistêmicas e de intensidade aproximadamente igual, isso se denomina **homeostase** como já vimos.

Por outro lado, longos períodos em dieta muito baixa em calorias, como algumas pessoas ainda tendem a fazer, provocam um fenômeno denominado de *Metabolic Slowdown*, algo como baixa da taxa metabólica. Retornamos ao mecanismo de defesa para a manutenção da vida que herdamos de nossos ancestrais. Dessa forma, parece muito ineficiente permanecer por mais do que duas semanas ingerindo baixas calorias, pois após esse período a queda metabólica é vertiginosa. Basicamente o que ocorre é uma queda na temperatura corporal, o que é causado basicamente por uma **diminuição na atividade dos hormônios da tiróide**, esse hormônio é responsável pela manutenção da temperatura corporal, mas também estimula a produção de GH (Hormônio do Crescimento) e age sinergisticamente com o subproduto deste, a somatomedina ou IGF-1. Como se vê, uma queda na produção desse hormônio pode causar alguns problemas.

Analisando um pouco mais a fundo, a tiróide produz dois hormônios, a tiroxina ou tetraiodotironina ou T4 e a triiodotironina ou T3, mas na verdade o hormônio ativo é o T3, justamente o hormônio produzido em menor quantidade pela tiróide, aproximadamente 20% da produção. Porém ao ser conduzido ao fígado, o T4 inativo sofre a ação de enzima específica (5-deiodase) e se transforma no hormônio ativo T3 o qual irá, entre outras ações já mencionadas, provocar a elevação da temperatura corporal e provocar a queima de gordura. Ocorre que essa conversão depende da presença de energia suficiente no fígado (ATP) e prolongada dieta causa a depleção de ATP, principalmente a presente no fígado, e com isso a conversão da T4 em T3 fica prejudicada e a baixa da temperatura corporal torna-se inevitável.

Já há algum tempo venho frisando em cursos e para os meus clientes a necessidade de não abusar de frutas. Às vezes digo meio exageradamente que um copo de suco de laranja é o mesmo que um copo de celulite. Assustador! Ocorre que a frutose bem como a sucrose (frutose + glicose) roubam ATP do fígado e torna a conversão de T4 mais difícil, portanto, maneirar na fruta é muito conveniente. Tem muita gente que ainda acha que está tendo uma grande vantagem ao trocar uma Coca Light por um copo de suco de laranja.

Considero que não seja possível crescer significativamente com um percentual de gordura muito baixo, simplesmente, não é compatível ou humanamente possível, a não ser que exista alguma aberração metabólica por aí, acho que é mais fácil achar o **Chupa-Cabra** do que alguém nessas condições. Ainda, os melhores atletas masculinos que conheço conseguem manter o percentual de gordura entre 8 - 10% e as mulheres entre 14 - 18% enquanto crescem (*off-season*), mas não posso afirmar quais as drogas e/ou a dosagem que esses atletas utilizam, conheço atletas que em *off-season*, não ultrapassam desse percentual e não utilizam drogas, mas também não obtém ganhos monumentais. Normalmente esses atletas estão felizes na sua categoria ponderal e se preocupam mais em melhorar a qualidade. Felizes destes, mas se você objetiva o absoluto ou o profissionalismo terá que se engajar em uma batalha sem precedentes, na qual todas as vias metabólicas são ativadas a seu extremo. Uma das bases fundamentais para essa condição é uma alimentação ótima na proporção exata.

Se você não é um atleta profissional e não abusa de drogas, considere razoável um percentual de gordura de até 12% se homem e de até 20% se mulher, em *off-season*.Alguns atletas já se sentem "gordos" nesse limite e outros conseguem crescer com percentual de gordura mais baixo porém, é muito importante salientar que ingestão calórica insuficiente não cria ambiente metabólico favorável para o crescimento muscular. Superalimentar continuamente o organismo provoca uma série de reações como a liberação dos hormônios anabólicos, mas se manter em alta ingestão calórica por longo período, certamente provocará além da ação anabólica um acúmulo indesejável de gordura corporal. Uma das soluções para tirar proveito do efeito anabólico desse tipo de dieta e não acumular muita gordura é se manter entrando e saindo de dieta hipercalórica durante todo o ano.

Um exemplo bem simples que utilizamos durante períodos semanais é a oferta de mais calorias aos finais de semana provindas de carboidratos, o que coincide com a oportunidade de ingerir alimentos de nossa preferência e dar uma oportunidade ao paladar. Em uma dieta semanal de 20.000 calorias esta seria a configuração:

| | |
|---|---|
| Segunda | 2.500 |
| Terça | 2.500 |
| Quarta | 2.500 |
| Quinta | 2.500  + |
| Sexta | 2.500 |
| Sábado | 3.000 |
| Domingo | 4.000 |

**20.000 calorias**

Sábado são oferecidas, aproximadamente 1.000 calorias a mais e no domingo 1.500 calorias extra, o que rapidamente elevará o metabolismo, na segunda, quando retornar a oferta normal de 2.500 calorias, o metabolismo rapidamente regulado para processar mais calorias estará super-regulado fazendo com que você queime mais calorias apenas às custas do controle nutricional. Essa é uma forma de driblar o mecanismo fisiológico evitando o *Metabolic Slowdown* e se beneficiar ao mesmo tempo da ingestão de alimentos agradáveis ao paladar. É importante não se descontrolar e ingerir algo como 10.000 calorias a mais no fim de semana. Cuidado!

Muitos atletas preferem manter a contagem calórica bem elevada o ano todo, controlando o peso através da administração de medicamentos que elevam a temperatura corporal e manter o peso dentro de limite mais compatível mencionado anteriormente.

Creio que não cabe a este livro discutir o aspecto moral da administração de medicamentos para controlar o peso, mas por outro lado, vale mencionar o risco para a saúde e o estado miserável a que se submetem alguns atletas ao administrar essas drogas.

Os mais insaciáveis acabam por colocar as mãos nas poderosas anfetaminas, são as chamadas bolinhas que muitas gordinhas usam para perder o apetite, porém as drogas mais comuns no mundo do culturismo são: Clembuterol, efedrina e o hormônio da tiróide T3. Apesar do poderoso efeito quanto a otimização da lipólise promovido por essas drogas, o usuário pode se expor a desconfortos como dores de cabeça persistentes ou ocasionar severo risco para pessoas que possuem tendência a Doenças Arteriais Coronarianas, já possuírem quadro instalado dessas doenças ou ocasionar dependência permanente da droga, como é o caso do mau uso do T3 (L- triiodotironina sódica).

Geralmente o hormônio da tireóide é utilizado com dose inicial baixa, sendo que a dosagem é construída progressivamente para evitar um choque no organismo. A permanência com essa droga não deve ultrapassar 5 semanas e nem ser descontinuada abruptamente, e sim gradualmente. Repetimos que essa droga pode salientar problemas graves na disfunção hormonal e só deve ser prescrita, regulada e descontinuada com estrita supervisão médica. Não corra nenhum risco absurdo!

**Vamos fazer uma pequena viagem:**

Os comprimidos para emagrecer não são uma realidade nova. De fato eles estão por aí a mais de 50 anos. O primeiro introduzido no mercado foi o Benzedrine. Pesquisas mais avançadas fizeram alterações químicas na composição básica desse elemento e conseguiram a Dexedrina mais comumente conhecida como d-anfetamina.

A d-anfetamina é um supressor do apetite eficiente, mas possui importantes efeitos colaterais. Usuários emagreciam, mas ficavam muito agitados, alguns mais extrovertidos e alegres, e por isso os usuários tendiam a tomar cada vez mais anfetaminas.

De fato, a droga é estimulante do Sistema Nervoso Central com propriedades que causam euforia o que, podemos adivinhar, tornou-se largamente utilizada pelos menos avisados.

Hoje a anfetamina é medicação de uso controlado, mas existem outras drogas com menos efeitos colaterais as quais podem ser divididas em duas categorias. Aquelas que agem no neurotransmissor de catecolaminas no cérebro e aquelas que agem no sistema serotogênico.

Catecolaminas são hormônios que agem no sistema simpático (controla reações involuntárias como suor, dilatação dos vasos, constrição e broncodilatação). Esses hormônios são denominados epinefrina e norepinefrina. Eles causam, também, alterações metabólicas provendo o corpo com mais energia através da liberação de mais glicose e gorduras. Como resultado dessa reação o metabolismo pode aumentar em até 30%.

Os serotogênicos trabalham causando a liberação e bloqueio da recaptação da serotonina. Uma das funções da serotonina é induzir o sintoma de satisfação, plenitude alimentar e bem-estar. De fato alguns cientistas acabaram por concluir que algumas pessoas obesas utilizam o alimento como uma droga, desde que a comida, principalmente os carboidratos, provocam a liberação de serotonina.

Apesar da clara diferença entre as duas categorias de drogas, existe uma tendência das pessoas de chamar todas de anfetaminas.

Todas as pessoas obesas devem ter suas drogas prescritas por médicos especialistas o qual levará em conta as condições emocionais do paciente. Para pacientes com tendência a depressão, uma das catecolaminas é freqüentemente prescrita. Se o paciente é nervoso e ansioso, as drogas serotogênicas normalmente são prescritas. Algumas vezes uma combinação das duas drogas é o que funciona melhor.

Uma alternativa mais natural pode ser o aminoácido triptofano. Este aminoácido quando administrado antes das refeições, aumentará a liberação de serotonina e como resultado poderá ocorrer uma certa aversão natural por carboidratos. Dessa forma na próxima refeição, a pessoa tenderá a ingerir mais proteínas e menos carboidratos. Lembre-se que o aumento da serotonina causa uma sensação de satisfação.

Outra opção alternativa, que já há algum tempo começou a ser utilizada por vários médicos no Brasil, é a Sibutramina que é uma substância que provoca o aumento na atividade do hormônio adrenergético e da serotonina. Como efeito, o paciente sentirá mais disposição para as atividades diárias sem causar dependência. Essa droga vem sendo utilizada no início do período de tratamento de regimes de emagrecimento e descontinuada durante o processo, quando já houve um processo adaptativo de um outro esquema de vida. Comercialmente, o princípio ativo é encontrado como *Plenty*, da

*Metley* ou Reductil, da *Knoll*. Obviamente que para o uso desse medicamento é necessário acompanhamento médico.

Não importa quanto tempo você gasta na esteira ou na bicicleta ergométrica ou com que intensidade treina musculação, se você não souber dizer **NÃO**, ao próximo prato de macarrão ou a próxima fatia de bolo, jamais conseguirá eliminar as gorduras que deseja.

Se utilizar supressores de apetite é a alternativa, tenha certeza que o faça com a supervisão de um bom médico especialista, principalmente se você for um daqueles com tendências ao abuso de químicos. Outras substâncias mais "inocentes" narraremos agora:

**Cafeína**. A cafeína é muito conhecida pelas suas propriedades diuréticas e laxativas. Também melhora mentalmente o estado de alerta e de velocidade de reação, aprimorando as atividades que necessitam de concentração. Como efeitos colaterais, pode causar estados como nervosismo e insônia. Existem também alguns estudos que classificam a cafeína como agente ergogênico. Cafeína fará com que você nade, corra e levante mais peso. Muitos fisiculturistas sabem que um copo bem forte de café cerca de uma hora antes do treino da um "kick" a mais.

Existem tantas teorias de como funciona a cafeína como as variedades de café que se pode encontrar no mercado. Talvez o principal mecanismo de funcionamento seja pelo aumento na utilização de ácidos graxos (gordura). Com certeza, se utilizarmos um pouco mais de gordura e reservamos mais carboidratos, trabalharemos mais prolongadamente e com mais intensidade.

A dosagem normalmente utilizada varia de 3 a 6 gramas por quilo de peso uma hora antes do treino. Muito embora essas dosagens tenham sido testadas em esportes de longa duração, apenas a dosagem empírica na musculação é aproximadamente a mesma.

O problema principal com a cafeína é que, como a maioria dos estimulantes, a cafeína funciona melhor naqueles não habituados com a mesma. Quanto mais uma pessoa utiliza, menos efeito é provocado. Dessa forma, é melhor deixar a cafeína para dias de treino mais árduo e utilizá-la esporadicamente.

**Concentração de cafeína ( xícara):**

| | |
|---|---|
| Café filtrado | 100-150 mg |
| Café instantâneo | 65-10 mg |
| Chá inglês | 30-75 mg |
| Chá verde | 0 mg |
| Coca Cola | 32-65 mg |

**Efedrina:** Comumente conhecida como Efedra ou Ma Huang, o nome científico da substância é Efedra Sinica.

Suplementos nutricionais contendo Efedra, também conhecida como Ma Huang (forma botânica), possuem efeitos similares da sua forma sintética, efedrina alcalóide. A administração de dosagens recomendadas dos supostos suplementos de Ma Huang tem efeito similar a da adminstração de 25mg na sua forma química.

A substância tem duplo efeito, supressão do apetite e elevação da taxa metabólica, que parecem ser bem atrativos, mas algumas considerações devem ser feitas. Ma Huang é um estimulante do sistema nervoso central. Também estimula a glândula adrenal e tem efeito similar às anfetaminas as quais são similares inclusive à cocaína.

Lembre-se que a efedra contém efedrina natural, não utilize se estiver grávida, amamentando, ou se tiver histórico de doenças cardíacas ou diabetes. Descontinue o uso se tiver sintomas de nervosismo, tremores, sonolência, muita perda de apetite ou náusea.

**Combinação de efedrina, cafeína e aspirina:** Vários estudos comprovam que a efedrina combinada com aspirina e cafeína aumenta os efeitos quanto a queima de gordura e melhora o desempenho em atividades aeróbias. Nessa combinação, cafeína e efedrina funcionam como agentes sinergistas com notável efeito estimulante. A adição de aspirina inibe a lipogênese através do bloqueio da incorporação do acetato em ácido graxo. As pessoas que fazem uso dessa combinação acabam por observar elevação na temperatura corporal, mas poderá salientar os sintomas colaterais também como os mencionados anteriormente devendo adicionar os possíveis efeitos colaterais da aspirina como úlcera e a síndrome de Reye.

A dosagem dessa combinação normalmente utilizada é de 25-50mg de efedrina, 200mg de cafeína e 300mg de aspirina que normalmente é administrada de 1 a 3 vezes ao dia.

Quando você se sentir um pouco depletado para o treino, primeiro avalie suas condições. Se o problema não for sistêmico, então poderá optar por um destes energizantes principalmente para a sessão de treino com pesos. Para algumas pessoas mais sensíveis, esses energisantes podem causar um efeito de dependência física e mental. Observamos com muita freqüência o mau uso desses produtos. Alguns deles quando mal utilizados podem inclusive causar a morte. Pessoas com problemas cardíacos e de pressão arterial devem consultar o médico antes de utilizar qualquer energizante. Se você é uma pessoa aparentemente saudável e optar pelo uso dessas substâncias comece com doses pequenas inferiores normalmente à prescrição do rótulo, e aumente a dosagem progressivamente. Lembre-se que essas substâncias aumentam a pressão arterial e elevam a pulsação e a necessidade de se hidratar.

**Clembuterol:** Esse é um medicamento originalmente destinado a pacientes asmáticos. Clembuterol é um beta-2 agonista, sendo que a sua função é abrir vias aéreas obstruídas e com isso facilitar a respiração. Ocorre que sempre que uma droga se afina muito com uma célula receptora, esta se torna resistente à droga quando é muito utilizada. Por exemplo, o efeito termogênico da efedrina parece ser mais longo (apesar de não ser tão potente) por duas razões: 1) efedrina não tem alta afinidade com o receptor e 2) efedrina não é um beta-2 específico.

No mundo do fisiculturismo, essa droga vem sendo utilizada por ter efeito anti-catabólico além de efeito lipotrópico. O clembuterol não elimina gordura através do mecanismo comum de aceleração do metabolismo, como a efedrina e as drogas para a tiróide. De fato, o clembuterol ativa as células gordurosas marrom no corpo. Essas células estão usualmente dormentes, mas quando ativadas queimam as células gordurosas brancas, o que torna a pele mais fina e os músculos mais visíveis. Como anabólico ou anti-catabólico, o clembuterol não é tão potente como os esteróides anabólicos, porém pode aumentar significativamente a massa magra em alguns atletas, enquanto em outros não provoca qualquer mudança na massa magra a não ser um pequeno aumento (como essa droga influencia o aumento muscular em alguns é um fato ainda misterioso). Parece que tal como acontece com relação aos esteróides, algumas pessoas têm mais receptores sensíveis a essa droga do que outras, mas isso é uma questão genética.

Uma das desvantagens do uso de clembuterol é o maciço fechamento dos receptores mencionados anteriormente, ou seja, o clembuterol passa a não mais promover os efeitos desejados. Isso ocorre quando o medicamento é utilizado constantemente. Para evitar o fechamento dos receptores, utiliza-se o clembuterol 2 dias sim, 2 dias não.

Os efeitos colaterais diferem de pessoa para pessoa, sendo que os mais comuns são dores de cabeça, tremores, taquicardia e agitação. Normalmente os efeitos colaterais desaparecem após duas ou três semanas de uso.

**Xenical ( Roche):** *orlistat* como é chamado quimicamente é uma droga do grupo das que atuam no intestino, inibindo a lipase pancreática e portanto, a absorção de gorduras pelo intestino em cerca de 30% do total ingerido. É uma droga utilizada no tratamento da obesidade normalmente associada a uma dieta hipogordurosa por um determinado período. Vale a pena lembrar que o uso dessa droga deve ser acompanhado de reposição de vitaminas A, E e D, pois pode ocorrer uma diminuição de absorção dessas vitaminas durante o tratamento. Ocorre que pessoas que têm o mau hábito de se automedicarem utilizam essa droga quando comem demais para diminuir a absorção de nutrientes, mas principalmente do peso na consciência. O Xenical também tem suas contra-indicações, como, por exemplo, nas síndromes de má absorção e colites agudas e crônicas. Como efeitos colaterais do Xenical® são, em sua absoluta maioria, de natureza gastrointestinal e relacionados ao próprio efeito farmacológico da droga ao evitar a absorção de parte da gordura ingerida, podemos relacionar perdas oleosas, flatulência com perdas, urgência fecal, fezes/evacuações gordurosas, aumento das evacuações e incontinência fecal. A incidência dos mesmos aumenta à medida que for maior a proporção de gordura da alimentação.

Os pacientes devem ser informados sobre a possibilidade de ocorrerem esses eventos gastrointestinais e que podem controlá-los melhor através de uma alimentação adequada, particularmente controlando a quantidade de gordura ingerida. Um ponto a ser destacado é que a ingestão de alimentos com menos gordura diminuirá a incidência dos eventos gastrointestinais, ajudando o paciente a monitorar e regular sua própria ingestão de gorduras (efeito reeducador).

Os eventos gastrointestinais são geralmente leves e transitórios, ocorrendo no início do tratamento (dentro dos três primeiros meses).

A dose recomendada de Xenical® (Orlistat) é de uma cápsula de 120mg, junto com cada uma das três refeições principais (durante ou até uma hora após cada refeição). Os benefícios terapêuticos de Xenical® (Orlistat) (incluindo o controle de peso e a melhora dos fatores de risco associados) são contínuos durante a administração em longo prazo.

Doses acima de 120mg, três vezes ao dia, não demonstraram qualquer benefício adicional. Com base na dosagem da gordura fecal, o efeito de Xenical® (Orlistat) pode ser verificado em 24 a 48 horas de sua administração. Após a descontinuação do tratamento, o conteúdo de gordura nas fezes retorna aos níveis pré-tratamento em 48 a 72 horas.

Tal como outros medicamentos, esse também deve ter acompanhamento médico.

*Fat Burners*: Este não é exatamente um farmacológico, mas passou a ser recomendada a supervisão médica antes da sua administração, principalmente após ter se tornado bastante comum a venda desses *fat burners* no mercado nacional. Baseiam-se, normalmente, em agentes lipotrópicos (colina, inositol, betaína, e aminoácido metionina) incluímos nessa categoria a L-carnitina também. Essas são substâncias que trabalham no metabolismo das gorduras. De fato, parece que esses *fat burners* têm mais comercialização entre pessoas não relacionadas com o esporte profissional. Apesar de algumas pessoas afirmarem a eficiência desses *fat burners*, particularmente não conheço nenhum atleta sério que faça uso desse meio.

Pequenas reduções de peso podem ser administradas, com segurança, por meio de dietas de restrição calórica e hídrica, de corridas para causar sudorese ou de sauna. Nesses casos, a reidratação posterior à pesagem é essencial, bem como a administração de carboidratos. Administrar líquidos isoativos é altamente recomendado para que a pessoa depletada possa se recuperar o mais rápido possível a fim de enfrentar a competição que se aproxima em sua melhor forma.

Não existe pílula mágica para repor o que o seu corpo precisa para ficar naturalmente forte, e saudável.

Como se vê, nada como controlar o peso de uma forma natural, o que é completamente possível. Muitos fisiculturistas tomam proveito de uma alimentação bastante calórica (independente da porcentagem dos macronutrientes) e adicionam mais aerobiose e/ou passam a ingerir menos calorias quando o percentual de gordura ultrapassa o percentual máximo. Os atletas mais técnicos gostam de medir o percentual de gordura utilizando técnicas de antropometria para a predição da gordura corporal, como as de dobra cutânea ou a bioimpedância, porém, a maioria dos atletas que conheço utilizam simplesmente uma avaliação visual, sendo que a maioria toma como base algo muito simples. Na hora em que estiverem desaparecendo os "gomos" do seu abdômen está na hora de comer menos carbo ou pedalar um pouco. Simples não é.

Bem, acho que estava evitando dizer isso, mas, apesar de eu mesmo ser especializado em cineantropometria e autor de programa de avaliação para computador, o que acontece no mundo da realidade é que a maioria dos fisiculturistas sérios não dão a mínima para a avaliação física. Acontece que o padrão é outro, o atleta já é tarimbado, se olha no espelho e sabe o que está acontecendo. Mas por favor, advogados da avaliação, não me interpretem mal, a avaliação física pode ser um instrumento poderoso para se ter base para a prescrição de treinamento preciso e com segurança para atletas e não atletas, eu mesmo utilizo com os meus atletas. Referencio me àquilo que acontece no mundo do fisiculturismo de alto nível, não ao mundo, por vezes afrescalhado, do *fitness* ou *wellness*.

Pois bem, quando qualquer sinal de definição estiver desaparecendo qual é o procedimento normalmente utilizado quanto à prática de aerobiose?

Primeiro, vamos atender aos mais encucados e cuidadosos. Condicionamento aeróbio é uma das variáveis da saúde, é primordial e deve principalmente ser parte integrante do treinamento de alguém que realiza um programa de *fitness,* mas, ainda tem muito instrutor de academia que fica pentelhando marombeiro, achando que aquele cara que já está com quase 50 de braço e anos de maromba nas costas deveria fazer "ginástica aeróbica" 5 vezes por semana para não morrer do coração. Toma noção! A não ser que o $VO_{2\,máx}$ do atleta esteja abaixo do limite saúde, inferior a 40ml/kg.min ou 35ml/kg.min para homens e mulheres na faixa de 26-35 anos respectivamente, o que acho muito difícil para um atleta competitivo de musculação, realizar muita aerobiose não é conveniente para aqueles que se encontram em fase de aumento de peso. Aliás, o cientista sueco Torbjorn Akerfeldt preconiza que nenhuma atividade aeróbia seja realizada durante a fase de aumento de peso do programa criado por ele. Segundo ele, toda a energia deve ser direcionada para o treino específico com pesos e para o anabolismo. Por outro lado, na fase de definição, a atividade aeróbia é utilizada de 4 a 5 vezes por semana, mas a tônica, ainda não é o condicionamento aeróbio, e sim a composição corporal.

Bem, indo direto ao ponto. O que recomendo aos meus clientes é a realização de alguma atividade aeróbia de manhã cedo em jejum, caso o treino com pesos seja em outro período do dia. Ocorre que essa é a forma mais eficiente de se queimar gordura e o indivíduo não tem que ficar muito tempo em atividade, o que acaba por fadigar os membros locomotores. Essa técnica é questionada por alguns profissionais que a proclama inefetiva, pois não haveria solicitação de gordura por falta de glicogênio no organismo para acionar a queima de gordura (tem a ver com o complicado ciclo de Krebs). Em primeiro lugar, após 6 ou 8 horas de jejum sobra glicogênio suficiente sim, talvez em jejum de 24 horas não. Se fosse besteira, essa prática não funcionaria ao redor de todo mundo com atletas de alto nível, pessoas comuns e comigo também. Eu particularmente não insisto em coisas que não dão certo. Essa proclamação é o mesmo que chamar de burro um monte de gente séria que se beneficia dessa técnica. Deixem de falar bobagens seus otários!

Mas a quantidade de calorias gasta não é a mesma independente da hora do dia em que se treina?

Sim, mas o que importa não é da onde provém as calorias, ocorre que ao se exercitar de manhã cedo em jejum prolongado, o atleta irá solicitar a ativação de gordura como fonte de energia mais rapidamente, pois muito glicogênio foi utilizado durante o jejum, a não ser para aqueles que tem o hábito de assaltar a geladeira de madrugada. Neste caso recomendo pedalar, correr ou caminhar rapidamente por 20 - 40 minutos, cessar a atividade, e realizar o café da manhã depois de 30 minutos do término da atividade, só assim, o atleta continuará a queimar mais gordura enquanto toma o seu banho e se arruma. É óbvio, que esse processo deve começar progressivamente para que o indivíduo se adapte a esse sistema. Essa atividade realizada de forma brusca pode causar severa hipoglicemia e o atleta poderá acabar por desmaiar na banheira e morrer afogado. "O pobrezinho não morreu pelo uso de insulina, mas acabou seus dias por tomar banho de manhã cedo após malhar". **CUIDADO !**

Outra recomendação importante é tomar bastante água antes da atividade aeróbia em jejum. A hidratação evita perda de proteína muscular. Outra é o consumo de *Whey Protein* como uma fonte de carboidrato simples após a atividade, pois este acelera o processo de recuperação, diminui a ação do hormônio catabolítico cortisol e aumenta a síntese protéica.

Como vimos, é possível crescer mantendo uma composição corporal razoável sem perder a saúde o que sem dúvida é a opção mais inteligente, mas se você optar pelos meios farmacológicos, esteja pronto para assumir as conseqüências.

CAPÍTULO 12

# A NUTRIÇÃO COMEÇA NA MENTE, NÃO NO ESTÔMAGO

O nosso organismo está em constante estado de mudanças, isso significa que necessitamos de suprimentos nutricionais constantemente para propiciar essas modificações. Se faltar um ou outro bloco de construção de nosso organismo, toda a obra poderá ser prejudicada. É importante compreender que a cada período de aproximadamente 10 dias, toda a água em nosso corpo é reciclada, a cada 4 meses todo o nosso sistema sanguíneo também é reciclado, toda a proteína é reposta em seis meses e até a nossa massa óssea é reposta anualmente. Ou seja, o José de hoje não é o mesmo José do ano passado, bioquimicamente falando. Psicologicamente, se José é um idiota hoje, provavelmente o será para sempre.

Em resumo, somos o que comemos, quimicamente é lógico. Ao vermos uma pessoa com massa muscular bem desenvolvida e pouca gordura corporal, podemos imaginar como essa pessoa se alimenta, mesmo que tenha um ótimo metabolismo certamente não se farta de bolos, doces e frituras. Agora visualize uma pessoa realmente gorda e flácida e imagine o estilo de vida que leva e como se alimenta... Nem precisamos entrar em detalhes, não é? O corpo de uma pessoa muitas vezes pode encerrar muitos indicativos para olhos mais observadores. Da mesma forma que também posso arriscar que tipo de droga um fisiculturista pode estar abusando ao observar a coloração amarelada da sua pele e olhos.

Assim, não podemos ser impacientes quando desejamos resultados, o seu corpo não se modificará positivamente de forma extremamente rápida. Repito que somos formados pelo que ingerimos nos últimos meses e não serão semanas que provocarão modificações excepcionais, precisamos de meses para nos "reconstruirmos". É lógico que a técnica bem aplicada colaborará com a agilização do processo. Se você é iniciante e segue um bom plano pode esperar resultados sólidos e visíveis em 4 meses. Paciência é a palavra de ordem.

Observem que o crescimento muscular só ocorrerá progressivamente em conjunto com o processo de reciclagem protéica caso você ofereça todas as matérias-primas em conjunto ao seu organismo e não somente proteína. Se assim ocorrer e houver associação a um ótimo programa de treino, isso inclui o devido descanso, podemos esperar ganhos na ordem de até 4 a 7 quilogramas de massa muscular a cada 6 meses na fase inicial ou intermediária do seu programa de treino. Lembre-se que quanto mais perto do início, maiores são os ganhos.

Apesar de sermos corrompidos pela sociedade moderna, cada um de nós possui um instinto de sobrevivência. Naturalmente sabemos o que devemos comer e em que quantidade. Não restam dúvidas de que, nos últimos anos de nossa história, ocorreram progressos e, com eles, deturpações com uma rapidez incalculável: da velocidade de uma flecha à possibilidade de acelerar a própria velocidade da luz, da constituição física de um aborígine a físicos hiper desenvolvidos, mas também distúrbios como a obesidade e a anorexia.

Cabe a nós resgatar um pouco de nosso instinto primitivo e aplicá-lo em nosso dia a dia. Se o objetivo é ficar mais definido e aumentar a massa muscular, normalmente aumentamos a ingestão de proteínas e diminuímos a oferta de carboidratos; se sintomas de cansaço e irritação começam a surgir com a perda do rendimento, é hora de aumentar a oferta de carboidratos.

No meio natural, o homem procura instintivamente os alimentos que seu corpo demanda, comendo o necessário para se alimentar e armazenar e não ocorrem distúrbios como a obesidade. Pode ser que no início de um processo de reeducação alimentar, o atleta até pese na balança o alimento que vai comer, mas à medida que ficar mais experiente deixará de fazer isso o tempo todo. Depois de alguns anos de experiência, ele saberá dosar o alimento intuitivamente e também saberá ajustá-lo de acordo com a fase do ano. Para isso, contudo, o processo inicial deverá ser cuidadosamente estabelecido e observado, a fim de que, no mínimo, possa diminuir a fase de experimentação e erro, tornando o processo o mais preciso possível.

Quando partimos para os suplementos alimentares, a dúvida permanece. Muitas pessoas nos procuram querendo saber se devem tomar, como refeição líquida, um hipercalórico ou alguma refeição líquida com baixo teor de carboidratos. A resposta pode ser simples:

**1º** - Feche os olhos e diga, para você mesmo, como está se sentindo: energético ou sobretreinado?

**2º** - Olhe-se no espelho. O que você acha? Muita gordura, pouco músculo...

Caso você não sofra de distúrbios bioquímicos ou de distorção da imagem corporal, seu instinto lhe dará a resposta, da mesma forma que lhe dirá para comer mais ou menos batatas com peito de frango.

É muito comum ouvirmos de nossos avós e até de autoridades da saúde que tudo o que precisamos são três refeições por dia, se você seguir essa lenda, lhe garanto que não irá muito longe se o seu objetivo é construir massa muscular.

Vamos dar agora algumas dicas importantes que poderão melhorar seu desempenho em sua atividade na musculação e durante o dia a dia e, quem sabe, colaborar no sentido de resgatar um pouco de nosso instinto tão suprimido:

• Mantenha-se sempre em estado anabólico. Se você mantiver intervalos muito grandes entre as refeições, poderá cair em catabolismo por deficiência de nutrientes. Deve-se fazer uma refeição a cada período de 2h30 a 3 horas;

• Faça refeições balanceadas, contendo quantidades apropriadas de carboidratos, proteínas e gorduras. Procure não adotar dietas emergenciais nas quais se exclui um dos macronutrientes; elas podem funcionar por um determinado período, mas se forem feitas por prazos muito prolongados podem acarretar severos danos à saúde física e mental;

• Opte primeiramente por alimentos frescos. Não substitua o alimento fresco por suplementos, mas os adicione a sua alimentação se sentir que os alimentos normais não satisfizeram suas necessidades diárias;

• Escolha os suplementos alimentares corretamente. Suplementos não fazem milagres, mas podem tornar sua vida mais fácil e adicionar alguns "octanos" a seu combustível. Se tivéssemos que escolher um só suplemento, ficaríamos com as refeições líquidas, que podem substituir de uma a três refeições diariamente, em seguida ficaríamos com os *mix* protéicos e a *whey protein*;

• Consuma proteínas consistentemente. Todos os macronutrientes são importantes. As proteínas, além de inúmeras outras funções, são responsáveis por construir e manter a massa muscular. Como não as armazenamos em quantidades desejáveis, inclua-as em todas as refeições para evitar o catabolismo;

• Prefira proteínas de alto valor biológico. Uma proteína completa é a que contém todos os aminoácidos essenciais, ou seja, aquelas que o organismo não produz e precisam ser administradas pela dieta. As melhores fontes são as animais: ovos, leite e carnes;

• Tenha em mente que existem diferentes tipos de carboidratos, a principal fonte de calorias no organismo. Eles podem ser simples e complexos. Quanto mais complexos, mais demoradamente eles "queimam" e mais eficiente e sustentada será a liberação de energia. Carboidratos simples liberam energia rapidamente e são indicados logo antes de atividades de curta duração como os *sprints*, sendo encontrados nos açúcares, mel e dextrose. Os carboidratos complexos existem em cereais, tubérculos, massas, pães e na maltodextrina e são utilizados na refeição que antecede treinos mais prolongados como um treino de musculação.

• Administre a quantidade correta de carboidratos. Essa quantidade depende de seu metabolismo e peso corporal. Se seu nível de energia está se mantendo alto e sua gordura corporal estável, você provavelmente está consumindo a quantidade correta de carboidratos. Se sua energia está caindo e você perde peso, provavelmente não consome o suficiente. Porém, se sua energia está alta e você engorda, provavelmente a quantidade de carboidratos ingerida é muito elevada. Observe as reações do seu organismo atentamente, isto é um processo introspectivo, é uma porta que se abre para dentro, ninguém pode fazer isso eficientemente por você;

• Ingira a quantidade correta de gordura. Ela perfaz importantes funções fisiológicas e também é uma importante reserva de energia para ser utilizada lentamente. É encontrada nas células e funciona como mecanismo de proteção. A gordura também é um nutriente. Ninguém pode sobreviver sem ela. Em torno de 10 a 15% das calorias diárias devem ser provenientes das gorduras. Normalmente, já conseguimos esses níveis com a gordura que consumimos em carnes e cereais;

• Entenda as calorias. Todos os macronutrientes (carboidratos, gorduras e proteínas) contêm calorias. Muitas calorias, provenientes de quaisquer dessas fontes, podem fazer com que você armazene gordura indesejável; muito poucas, com que perca peso, energia e adoeça. As proteínas e carboidratos contém aproximadamente 4 calorias por grama e as gorduras 9 calorias;

• Consuma bastante água durante o dia. O corpo precisa se manter hidratado para que possa dar a cada célula condições ideais para manutenção e crescimento. A água também colabora na eliminação de toxinas e reduz a sobrecarga nos rins principalmente em dietas hiperprotéicas, auxiliando a manutenção do volume muscular. A água é o melhor diurético;

• Alimente-se antes do treino. A energia que gastar no treino deve ser fornecida a seu organismo cerca de 1 a 1h30 antes do treino por meio de uma refeição composta por carboidratos complexos e proteína. Se treinar duas vezes por dia, certifique-se de fazer as refeições antes de cada treino e não somente antes de um deles;

• Faça uma refeição logo após o treino. Depois de treinar, você precisa repor o que foi depredado a fim de se recuperar e prepará-lo melhor para o próximo treino;

• Divida sua refeição após o treino em duas. Consuma uma refeição logo após o treino (de 5 a 10 minutos depois). Nesse momento, a reposição de glicogênio e de aminoácidos depredados durante a atividade física deve ser a mais rápida possível. Para isso, costumamos oferecer, em um *shake*, glicose simples (dextrose) e composta (maltodestrina) e *Whey protein* (suplemento protéico de rápida absorção). Caso possa, use suplementos como BCAA's, glutamina, creatina com essa refeição. Consuma a próxima refeição de base sólida após 30 a 40 minutos. Essa estratégia definitivamente pode resultar em recuperação mais rápida para o próximo treino;

• Lembre-se das vitaminas que são essenciais para uma série de atividades do organismo. Infelizmente, é muito difícil obtê-las equilibradamente com a dieta normal nos dias de hoje, a não ser que sua dieta seja perfeitamente balanceada. Por isso, recomendamos a escolha de um suplemento vitamínico a ser administrado diariamente. Permanecer por muito tempo em uma dieta não balanceada pode acarretar graves problemas de saúde;

• Procuramos recomendar que se tome um cálice de vinho tinto seco antes de dormir. Veja que não é um garrafão, apenas um cálice, quem sabe dois. Pessoas que vivem as margens do mediterrâneo têm uma baixa incidência de doenças arteriais coronarianas apesar da alta ingestão de gorduras saturadas em alimentos como salames, presuntos e leite gorduroso. Esse fenômeno é denominado de "Paradoxo Francês". Foi sugerido que o consumo de vinho tinto é um dos responsáveis por esse agradável fenômeno. O álcool contido no vinho aumenta o nível da lipoproteína de alta densidade, ou gordura desejável (HDL) também denominada como bom colesterol. Adicionalmente o vinho tinto também contém antioxidantes polifenólicos que auxiliam a diminuição das lipoproteínas de baixa densidade (LDL) ou mal colesterol. Propriedades similares ocorrem com a ingestão de azeite de oliva virgem extra. É com esse óleo que regamos a nossa salada;

• Considere a individualidade biológica. Essa é uma das chaves para o sucesso em treinamento. Procure desenvolver uma conexão saudável entre sua mente e seu estômago. Não se envolva por propostas de dietas, muitas vezes, absurdas, que prometem milagres:

mesmo que uma determinada dieta tenha funcionado para alguém, não significa que funcionará para todo mundo;

• Mantenha simplicidade. Qualquer dieta para ganho ou perda de peso deve ser a mais simples possível, para que possa se tornar um hábito. Se você tiver que se concentrar muito em sua dieta, tenderá em breve perder o interesse. Não se torture com dietas complicadas, tabelas, pesagem de alimentos na balança e outros tecnicismos. Ninguém pode forçar o próprio corpo a assimilar mais do que o seu potencial.

**A nutrição não é apenas o que vai no seu estômago, mas o que está em sua mente.**

No próximo capítulo, vamos estudar algumas sugestões de programa nutricional para atletas em período fora de temporada e pré-competição, mas lembre-se que essas são apenas sugestões e que um ótimo programa nutricional só pode ser prescrito por um/a nutricionista especializado/a em nutrição esportiva.

CAPÍTULO 13

# REFEIÇÃO OU COLAÇÃO?

> Sugestão de dieta para aumento de massa muscular, 121
> Consideração importante sobre o uso de suplementos, 126
> Sugestão de dieta para definição muscular, 127
> Sugestão de dieta pré-competição, 129
> Proposta de dieta a uma semana da competição para atleta nas condições anteriores, 131

As próximas sugestões são baseadas em programas nutricionais seguido por vários de meus atletas de fisiculturismo que obtiveram grandes resultados ao longo dos anos. Programas adaptados são utilizados por atletas de outras modalidades tais como os lutadores.

## Sugestão de dieta para aumento de massa muscular

Esta é uma sugestão para atleta de aproximadamente 85kg. De acordo com variações metabólicas individuais, a distribuição dos nutrientes podem variar para mais ou para menos. Essa dieta possui um total de aproximadamente 4.400 calorias diárias.

**Refeição 1**
200g de queijo tipo cottage
1 ovo cozido
100g de abacaxi picado
50g de cereal tipo Müsle com 150ml de leite desnatado
ou
1 refeição líquida (contendo 45g de proteína, 22g de carboidratos)
50 g de aveia
ou
50g de *mix* protéico
100g de aveia
Misturar a aveia com o pó protéico e adicionar 100ml de água fervendo, banana fatiada, canela ou passas se desejar.

**Refeição 2** (meio do período da manhã )
Escolher uma das opções da refeição 1 ou
40g de *mix* protéico
1 fruta (maçã, mamão papaia, pêra) ou uma barra de cereais


**Refeição 3**
200g de peito de frango cozido ou grelhado
450g de batata doce
1 porção de legumes cozidos
ou eventualmente
200g de carne vermelha
300g de macarrão cozido com molho de tomate


**Refeição 4** (pré-treino)
200g de frango grelhado ou cozido
450g de batata doce
ou
1 refeição líquida batida com água (45g de proteína, 22g de carboidratos)
100 g de aveia


**Refeição 5** (logo após treino)
40g de *whey protein*
30 de maltodextrina
30g de dextrose
15g de glutamina
6g de creatina
5g de BCAA's


**Refeição 6** (após treino )
200g de frango grelhado
450g de batata doce

ou
150g de atum conservado em água
450g de arroz cozido

**Refeição 7** (última do dia)
Omelete 1 ovo inteiro e 8 claras
1 fatia de queijo tipo minas
ou
200g de salmão
1 porção de brócolis ou couve-flor regado com uma colher de azeite de oliva virgem extra
6g de BCAA's

## Comentários sobre a proposta de dieta

Pela contagem de proteínas dessa proposta de dieta poderíamos ser exorcizados por alguns profissionais da área de nutrição. Alguns livros básicos de nutrição chegam a admitir uma ingestão de até 2,0 gramas de proteína por quilo de peso ao dia, ou seja, se você pesa 100kg e treina musculação a sério, poderia chegar a ingerir até 200g de proteína divididos nas suas refeições diárias. A recomendação mais comum é de 1,2g de proteína por quilo de peso ao dia para atletas e como recomendação geral, de 0,8 a 1,0g de proteína por quilo de peso ao dia.

Ocorre que no mundo da realidade do treino com pesos, atletas não costumam consumir menos do que 3,0 a 4,0g de proteína por quilo de peso ao dia. Na visão da maioria dos nossos nutricionistas é considerada uma dosagem protéica desnecessária e absurda, só que até então, empiricamente é essa dosagem que vem funcionando para fisiculturistas profissionais ou amadores há muitas décadas, dosagens menores parecem não favorecer ou sustentar o crescimento. Isso foi por muito tempo ridicularizado por muitos médicos e nutricionistas. A única forma de nos defendermos era a narração pessoal e a justificativa da alta necessidade de reparação tecidual após treino de alta intensidade, idéia comprada por diversos atletas de diversas outras modalidades, principalmente aqueles que na base ou durante a maior parte do treinamento utilizam o treino com pesos.

Para os mais sépticos que querem ler um trabalho científico para crer, normalmente constituído por pessoas que nunca treinaram sério com pesos na vida, finalmente a ciência começa a lançar estudos confirmando a alta necessidade de ingestão protéica para reparação tecidual apropriada.

Um estudo de Nagasawa e colaboradores da Iwate University, no Japão, publicado em outubro de 1998, demonstra que a alta ingestão protéica suprime a degradação de proteínas em ratos. Esse estudo sustenta a necessidade de que uma maior ingestão de proteína é essencial para preservar a massa muscular.

Algumas pessoas leigas afirmam que o excesso de proteínas é prejudicial aos rins. Realmente, mas para pessoas que sofrem de disfunções nesse importante órgão. Uma das tarefas dos rins é excretar a uréia que é formada através da amônia que advém do processo de metabolização das proteínas. Pessoas com disfunção nos rins podem ter problemas para excretar a uréia. Por outro lado, não existe sequer um único estudo afirmando que pessoas saudáveis que ingerem dieta alta em proteínas possam apresentar disfunção dos rins. *No worries!*

Você pode ter todas as condições fisiológicas controladas e um treino altamente preciso, mas se não tiver todos os aminoácidos presentes na quantidade certa não crescerá.

Ainda assim a quantidade "muito elevada" de nutrientes em geral é de difícil compreensão para os menos esclarecidos, pois simplesmente essas pessoas não fazem a mínima idéia da intensidade do treino de um fisiculturista competitivo e tampouco das drogas que alguns utilizam e que aceleram o metabolismo. Observem os tópicos seguintes:

• É importante respeitar intervalos regulares entre as refeições para manter o nível metabólico mais acelerado (as refeições elevam o metabolismo basal), e manter estável a liberação de insulina que é um hormônio altamente anabólico. Porém, muitos picos de insulina durante o dia pode fazer com que eleve a liberação da enzima que possibilita o armazenamento de gordura. O único horário útil de se produzir pico máximo na elevação da insulina é logo após o treino, fora isso, estaremos armazenando gordura ou provocando hipoglicemia;

• Manter a cada refeição uma ingestão satisfatória de proteínas e não em apenas algumas delas. Alguns nutricionistas mais academisistas gostam do termo colação para refeições intermediárias, coisas como biscoito e geléia são consideradas como refeição! Gostaria de deixar claro que as gordas comem, nós nos alimentamos e cada vez ingerimos uma REFEIÇÃO e não bobagens como COLAÇÃO. Mas se desejar chamar o que come de refeição, colação ou catanho tudo bem, desde que cada uma seja equilibrada adequadamente para as necessidades individuais. Certamente, biscoito com geléia não será;

• Após o treino, abre-se o que se apelidou de janela de oportunidade traduzido ao pé da letra do inglês *window of opportunity*. Aí, no intervalo de menos de 40 minutos procuramos oferecer cerca de 100g de proteínas. É sabido que em uma refeição normal podemos absorver até 40g de proteína, mas depois do treino intenso com pesos, abre-se este metabolismo especial de absorção de nutrientes. Quanto mais intenso o treino mais se abre a janela. De novo, é o nosso sistema homeostático em funcionamento que se esforça para fazer com que nosso organismo retorne a normalidade o mais agilmente possível. Logo após o treino, a janela amplamente aberta começa a se fechar, então oferecemos o primeiro *shake* (Refeição 4) logo após o treino (5 minutos após) e outra refeição em 30 minutos (Refeição 5). Conheço alguns fisiculturistas profissionais que ingerem até 100g de proteína logo após o treino seguido de refeição sólida com mais cerca de 50g de proteínas;

• Com o objetivo de oferecer uma variedade de fontes protéicas, fora de temporada, recomenda-se variar os alimentos como peito de frango, carne vermelha, salmão, ovos, queijos e para os que não tem intolerância a lactose leite desnatado, além dos pós-protéicos. Isso promove refeições mais variadas e um ótimo espectro de aminoácidos, pois cada fonte tem o seu. Assim mesmo, mais freqüentemente come-se peito de frango ou peru por serem carnes com baixo teor de gordura;

• Evita-se muitas frutas ou mesmo sucos de frutas. Ocorre que a frutose em muita quantidade reduz o metabolismo por interferir na conversão dos hormônios da tiróide, mas é correto que um pouco auxilia a repor os estoques de glicose depredados do fígado após exercício extenuante;

• Na última refeição do dia, procuramos oferecer muito pouco ou quase nenhum carboidrato. Muito carboidrato provoca a diminuição na liberação do hormônio do crescimento apesar de induzir o sono;

• A refeição pré-treino deve ocorrer no máximo uma hora antes do mesmo e constar de uma quantidade suficiente de carboidratos para não promover hipoglicemia durante o treino. Se achar necessário, ingira carboidrato 10 minutos antes do treino. Líquidos gelados com carboidratos otimizam a absorção dos mesmos. Ingerir apenas proteína antes do treino é inútil e desperdício de dinheiro, pois esta se transformará em glicose, sendo que ainda não ocorre síntese protéica durante o treino, nesse momento a ênfase é a produção de energia;

• Acompanhando essa sugestão, os atletas mantêm um programa de treino intenso dividido em 4 e pouca atividade aeróbia ou nenhuma (ver capítulo sobre treino);

• Caso o atleta faça uso de drogas anabólicas ou drogas que aceleram o metabolismo, as necessidades de nutrientes podem aumentar drasticamente beneficiando-se o mesmo de uma aceleração na reciclagem de nutrientes e reconstrução corporal, mas ficará exposto aos riscos dos efeitos colaterais dessas drogas. Vale a pena?

## Consideração importante sobre o uso de suplementos

Procuramos ser o mais técnico possível, da mesma forma com que inicialmente pesamos na balança o que comemos até termos uma idéia melhor da quantidade de alimentos, procuramos selecionar bons complementos alimentares nos quais possamos confiar. Procuramos sempre os suplementos sem sabor, ou seja, com sabor natural. Como pode uma proteína tipo *Whey* ser 100% se possui sabor tal, mais adoçante e corantes? Logicamente já não será mais 100%, o mesmo achamos válido para *mix* protéico maltodextrina e dextrosol. Refeições líquidas podem conter sabor que, às vezes, é bem agradável.

## Sugestão de dieta para definição muscular

Esta sugestão é para um indivíduo de aproximadamente 100kg e que tenha um valor calórico diário total de aproximadamente 3.400 calorias.

**Refeição 1**
12 claras de ovos
50g de aveia e canela
Bater as claras de ovos com aveia no liquidificador e levar a mistura ao forno de microondas por 20 segundos, mexer e retornar ao microondas se preferir, até a mistura ficar mais consistente. Pode ser feito também na panela como mingau.
Ou
50g de *mix* protéico
50g de aveia
Misturar a aveia e o *mix* protéico e adicionar 100ml de água fervendo

**Refeição 2**
1 refeição líquida ( 45g de proteína e 22g de carboidrato )

**Refeição 3**
200g de atum
200g de macarrão cozido
1 porção de vegetais

**Refeição 4 (pré-treino)**
300g de peito de frango grelhado ou cozido
250g de batata assada ou cozida

**Refeição 5 (logo após o treino)**
50g de *whey protein*
30g de maltodextrina
30g de dextrose
20g de glutamina
7g de creatina
6g de BCAA's

**Refeição 6**
Uma refeição líquida batida em água com 50g de aveia

**Refeição 7**
300g de peito de frango ou salmão
salada de folhas verdes regada com uma colher de azeite de oliva virgem extra.

## Comentários sobre a proposta de dieta

• Cortar calorias não significa cortar refeições, nem sequer passar fome. O processo para definição deve ser eficiente de forma a reduzir a gordura corporal gradualmente, enquanto mantém a massa muscular. Os passos para os cálculos individuais estão no livro "Anabolismo Total" e considerei desnecessário repeti-los;

• Todos fisiculturistas são ávidos por proteína para crescimento muscular e regeneração dos tecidos, independente do seu tamanho. Por isso, diminuímos a quantidade de carboidratos e elevamos a quantidade de proteína. Que não falte proteína para a massa muscular caso alguma seja utilizada como energia.

O programa de treino com pesos permanece quase inalterado, embora seja comum a redução das cargas e o aumento no número de repetições. Normalmente, é inclusa aerobiose de manhã cedo em jejum, e mais 15 a 20 minutos de alguma atividade cíclica logo após o treino, mas essa estratégia diminui de volume ou se anula na medida em que o atleta chega à composição corporal desejada (ver capítulo sobre treino).

## Sugestão de dieta pré-competição

Esta proposta é baseada em atleta de 90kg e que tenha uma contagem calórica diária de aproximadamente 4.500 calorias. Essa dieta deve ser iniciada de 7 a 9 semanas antes da competição e até uma semana antes da mesma.

**Refeição 1**
250g de frango grelhado ou cozido
400 - 500g de batata doce
1 banana média
ou
15 claras de ovos
350 a 450 de arroz cozido


**Refeição 2**
250g de frango
400 -500g de batata doce


**Refeição 3**
250g de frango
300g de batata doce
1 porção de legumes cozidos

**Refeição 4** (Logo após o treino)
40g de *whey protein*
20g de dextrose
30g de maltodextrina
5g de creatina
15g de glutamina


**Refeição 5**
250g de frango
400 -500g de batata doce
1 banana


**Refeição 6**
250g de frango
1 porção vegetais de folhas verdes

Observação: se acordar de madrugada, oferecer 50g de *Whey Protein* ou *mix* protéico com uma colher de sobremesa de óleo de canola.

## Comentário sobre a proposta de dieta

• Nesta fase, procuramos nos casar com uma ou duas fontes de carboidratos, batata doce, inglesa ou arroz cozido. Isso parece reciclar os carboidratos de forma mais regular. Alguns atletas escolhem somente uma fonte e se casam com ela durante todas as semanas do programa. A intenção é "ligar" uma espécie de relógio Suíço orgânico. Essa é uma estratégia que vem literalmente secando nossos atletas. Sépticos; duvidam? Pois então tentem se tiverem disciplina para tal e me enviem um honesto e-mail com os resultados;

• Preferimos nesta fase não dar muita chance aos suplementos, afinal batata é batata e frango é frango. Com exceção a suplementos confiáveis na refeição logo após o treino e na *Whey protein* ou *mix* protéico de madrugada;

• Enfim, a dieta é simples; coma batata com frango, quando estiver cansado coma frango com batata;

• O treino aqui também diminui de intensidade, mas é mantido na mesma configuração. Não caia na bobeira de fazer "treino de definição" preconizado por alguns tecnisistas. O que define o corpo é a alimentação;

• A aerobiose segue a proposta anterior.

## Proposta de dieta a uma semana da competição para atleta nas condições anteriores

**Dia D-7** (sete dias antes da competição)
• Neste dia diminua 2/3 dos carboidratos da semana anterior;
• Aumente de 20 a 30% a ingestão de proteínas por refeição;
• Beba cerca de 3 litros de água mineral por dia;
• Administre 2g de vitamina C.


**Dia D-6**
• Retire os carboidratos da dieta;
• Aumente de 20 a 40% a ingestão de proteínas em relação a dieta básica;
• Beba 4 litros de água mineral durante o dia;
• Administre 3g de vitamina C.


**Dia D-5**
• Mesmo processo do dia anterior, porém 5 litros de água mineral.


**Dia D-4**
• Coma de 400 a 500g de batata doce a cada 2 horas
• Apenas 4 refeições com 250g de peito de frango;
• Administre 3g de vitamina C;

- Ingira 6 litros de água mineral durante o dia;
- Coma duas bananas para aumentar os níveis de potássio.

**Dia D-3**
- Mesmo processo do dia anterior.

**Dia D-2** (dia antes da competição)
- De 400 a 500g de batata doce a cada 2 horas parando com as batatas à meia-noite. O atleta deverá estar totalmente carboidratado nesse ponto;
- A partir da meia-noite, só se oferece proteína, 250g de frango a cada 3 horas até o fim da competição;
- Na última refeição deste dia pré-competição, coma um filé suculento de carne bovina;
- Coma 3 bananas durante o dia;
- Beba 7 litros de água mineral durante o dia;
- Administre 4g de vitamina C.

**Dia D** (show time!)
- Corte a água para 1,5 a 2 litros durante o dia;
- Administre 5g de vitamina C;
- Coma 3 bananas;
- Coma 250g de filé da carne bovina de manhã e 250g de filé de frango a cada 3 horas;
- Não coma mais carboidratos;
- Antes de subir no palco, se estiver acostumado, beba um cálice de vinho tinto com 40g de dextrose ou uma barra de chocolate e boa sorte!

## Comentários sobre a sugestão de dieta.

- De acordo com essa sugestão, realiza-se o chamado *carb up* ou saturação de carboidratos na última semana. Essa é uma estratégia muito usual, mas não é utilizada por todos os competidores. Conheço atletas muito disciplinados e altamente experientes, que a semanas de uma competição já estão preparados e passam a administrar a dieta dia a dia sem necessidade de supercompensação.

• De fato, é somente através das participações em competições que o atleta individualmente vai aprendendo o que melhor lhe serve. Este é um processo extremamente individual havendo a necessidade de ser muito detalhista e anotar tudo que se faz para fazer comparações, análises e ajustes no decorrer dos anos.

• No dia D-7 retira-se 2/3 dos carboidratos anteriormente ingeridos e nos dia D-6 e D-5 retira-se todo o carboidrato enquanto continua a treinar (com menos intensidade) e a realizar aerobiose e as séries de pose. O objetivo principal é depletar o carboidrato e não consumir gordura que a essa altura já deverá estar em nível ótimo. Do dia D-4 ao dia D-1, começa a saturação sistemática de carboidratos, mas no dia D só se administra proteínas, pois o atleta já deverá estar saturado;

• A saturação ocorre também com a administração cada vez mais volumosa de água. Você estará expelindo grande quantidade de água. Esse mecanismo continuará acionado quando você reduzir a administração de água no dia D, o que literalmente o secará. Há muito se foi a época em que se oferecia água destilada, e cortava-se o sal a zero. Essas estratégias antiquadas podem provocar efeito rebote e fazer com que se retenha líquido. Exatamente o oposto do que se deseja;

• O sal não é cortado a zero, mas é administrado controladamente. De fato, não se adiciona sal aos alimentos, mas não há preocupação com o já naturalmente presente. Já as bananas naturalmente elevam a concentração de potássio;

• A vitamina C é oferecida pelo seu poder diurético

Obviamente, o atleta mais vulnerável às drogas químicas pode se sentir tentado a estratégias perigosas como a administração de insulina durante a elevação de carboidratos, usar os perigosos diuréticos e aceleradores do metabolismo, mas os riscos podem conduzir ao coma e a morte. Vai encarar?

### Recomendações Gerais:

Comer também é um prazer, mas como dissemos anteriormente, se você deseja ter um visual diferenciado ou competir, terá que se alimentar. Mesmo assim é duplamente útil tirar um dia ou um dia e meio para comer o que mais gostamos e sair da dieta (sábado e domingo). Primeiro porque iremos ter o prazer de saborear outros alimentos de nossa preferência, coisas como bolos, massas, sorvete, etc. Esse passa a ser um momento especial e altamente valorizado por nós que mantemos esse estilo de vida. Apreciar os alimentos não é mais uma atividade banal como para os glutões que parecem viver para comer.

Segundo, é muito útil tapear o metabolismo ingerindo calorias a mais, principalmente se estivermos em dieta de definição. Cerca de 500 a 1.500 calorias a mais nesses dias faz com que se acelere o metabolismo, no dia em que voltamos a dieta normal (segunda-feira) o metabolismo mais acelerado irá utilizar mais calorias de uma oferta menor. Como resultado, queimamos mais gorduras pelos próximos 2 ou 3 dias.

Outra recomendação importante é não oferecer muita proteína nesses dias de folga da dieta. Normalmente, cortamos as proteínas em 60% para desacelerar as enzimas que degradam as proteínas e criar um sistema de supercompensação na segunda-feira. Não há necessidade de se preocupar com catabolismo, pois os aminoácidos armazenados no fígado e no sangue serão o suficiente para manutenção mesmo que nesses dias se reduza a 10% a oferta de proteínas ou mesmo que não se administre proteína alguma.

Esses princípios já foram aplicados diversas vezes com atletas que treinam sob minha supervisão com muito sucesso. Se você já estiver com a gordura controlada, é bem provável que essa técnica o tornará tão sólido como uma rocha. Muitos campeões se formaram assim e agora temos o prazer de compartilhar isso com um maior número de pessoas. Boa sorte!

## CAPÍTULO 14

# SUPLEMENTOS ALIMENTARES

Complemento vitamínico mineral, 137
Whey Protein, 138
Proteína da soja, 139
Albumina, 140
Creatina, 141
Gorduras essenciais, 142
Refeições líquidas, 142
Sports Drinks, 143
Aminoácidos de cadeia ramificada (BCAAs), L-leucina, L-valina e L-isoleucina, 144
Glutamina, 144
HMB (Beta-hidroxo Beta-metilbutirati), 145

Costumo salientar que não há quase nada que um complemento alimentar possa fazer que uma alimentação bem balanceada não faça. De fato, nada como o alimento fresco, bem preparado e na medida certa para as necessidades individuais. Porém, existem alguns suplementos que podem trazer alguns benefícios para a melhora do rendimento e outros que apenas tornam a nossa vida mais fácil, já que é muito difícil ter disposição e tempo para elaborar todas as refeições diárias. Alguns desses suplementos podem ser muito caros ou não possuem uma boa relação custo/benefício. As suas finanças é que devem determinar o que adquirir. Tenha consciência, não sacrifique coisas importantes da vida como o convívio social para a aquisição de suplementos. Lembrem-se, suplementos como diz o nome, são apenas suplementos e não farão nenhum milagre para você. Muitos desses produtos sequer existiam há alguns anos e mesmo assim já tínhamos diversos atletas de alto nível.

Irei relacionar alguns suplementos de minha preferência levando em conta a relação custo/ benefício e eficiência.

## 1. Complemento vitamínico mineral

As vitaminas e os minerais são substâncias que necessitamos ingerir diariamente para a manutenção de diversas funções do organismo, como o bom funcionamento do nosso sistema imunológico, metabolismo dos alimentos, contração e reparação dos músculos, crescimento e densidade óssea, atividade antioxidante, manutenção da pele, cabelo e unhas, etc.

Toda pessoa que realiza uma dieta mista e bem equilibrada garante as necessidades diárias de vitaminas e minerais. Ocorre que a vida moderna não permite que a maioria de nós realize uma dieta perfeita, temos ainda que levar em consideração que as necessidades de uma pessoa ativa são ainda maiores do que o preconizado pelo

RDA, de forma que sugerimos a escolha de um bom complemento vitamínico-mineral para garantir as necessidades mínimas de toda a gama necessária. Não use superdosagem, siga a recomendação diária e considere que muitas vitaminas e minerais já estarão sendo oferecidos com a dieta normal.

As únicas vitaminas que normalmente acrescentamos em dosagens maiores são as vitaminas C e B6. A vitamina C por ter poder de bloquear o cortisol (hormônio catabolítico) e pelo seu efeito diurético. A vitamina B6 como é diretamente relacionada com o metabolismo protéico, deve ser ingerida em maior quantidade, ou seja, se a sua dieta inclui 200mg de proteína por dia, necessitará de aproximadamente 4mg de B6 por dia. Essas dosagens não são encontradas nos complementos multi-vitamínicos.

## 2. Whey Protein

Existem muitos pós-protéicos no mercado, os quais provêm de origens diversas. No mínimo, o que eles fazem é tornar a nossa vida mais fácil, pois a maioria não traz grandes vantagens em comparação com uma fonte natural como a carne, ovos e leite. Ocorre que o nosso organismo está adaptado a absorver aminoácidos de qualquer fonte. Porém, a *Whey Protein*, que é obtida pelo processamento do soro do leite, tem uma vantagem em relação as outras proteínas. O seu valor biológico (VB) é significativamente maior do que o das outras proteínas. O VB será maior quanto maior for a retenção de nitrogênio proporcionada pela fonte protéica. Além disso, a *Whey* tem absorção mais rápida, o que a torna perfeita para ingestão logo após o treino, quando temos que repor proteínas e carboidratos rapidamente.

A *Whey protein* possui maior teor de BCAAs, que são os aminoácidos de cadeia ramificada e perfazem cerca de um terço de toda a proteína muscular, além de ter fator estimulante do sistema imunitário. Em termos práticos, se você necessita de 40 gramas de proteína bruta em sua refeição. Se essa fonte for de *Whey Protein* apenas 30 gramas, cumprirá a função com a vantagem de ser absorvida mais rapidamente. Apesar de grama por grama tornar a *Whey* mais cara, a relação custo benefício não é ruim porque na verdade precisamos ingerir menos *Whey* do que proteínas de outras fontes.

Apenas não use *Whey Potein* como única fonte diária de proteína em pó, outras fontes também têm suas vantagens. O caseinato tem alto teor do aminoácido fenilalanina e glutamina (maior do que a da *Whey*), mas por conter resíduos de sódio e lactose, não é aconselhado para fase pré-competição. A albumina do ovo, apesar de ser uma ótima fonte protéica não tem vantagens adicionais em relação às outras proteínas animais em forma sólida. A proteína da soja, desde que na forma isolada, parece auxiliar a produção de T3 e T4 que são os homônimos tiroidianos que dentre outras funções, auxiliam no controle do peso de forma que vem sendo utilizada com sucesso em dietas de emagrecimento. Nesse caso, aconselhamos misturar 70% de *Whey* e 30% de proteína de soja isolada.

**Atenção:** A *Whey Protein* deve provir de fonte ionizada e/ou hidrolizada, pois a obtida por aquecimento além de destruir os aminoácidos tem como resíduo muita lactose e sódio. Também, se administrada isoladamente principalmente após esforço físico, tenderá a se converter em energia ao invés de suprir a massa muscular. Dessa forma, sempre administre a *Whey Protein* com uma fonte de carboidratos.

### 3. Proteína da soja

Um dos problemas de saúde que desperta mais atenção na comunidade médica nos dias atuais é a osteoporose, que é a desmineralização da massa óssea que tende a acorrer principalmente em mulheres pós-menopausa, mas que também pode atingir homens principalmente após os 50 anos. Só nos EUA, a osteoporose é responsável por mais de um milhão de fraturas todos os anos, inclusive fraturas fatais ou que podem conduzir a inabilitação física permanente.

O exercício físico e a dieta apropriada são normalmente recomendados para manter os ossos fortes e evitar a osteoporose. Mas, para aqueles já acometidos pela oteoporose, são recomendadas terapias de reposição.

A soja já possui uma longa lista de créditos. Alguns componentes da soja baixam o colesterol e reforçam o sistema imunológico. Comida a base de soja como o tofu (queijo de soja) contém isoflavones que tem ação protetora contra certos tipos de câncer e sintomas da menopausa. Em um estudo, mulheres em fase pós-menopausa que tinham dieta rica em soja e baixa em gorduras saturadas possuíam maior densidade óssea. As pesquisas concluíram que o isoflavone inibe o progresso da osteoporose principalmente quando acompanhado do cálcio, que é uma ocorrência normal no tofu.

O ipriflavone é um derivado isoflavônico e pode, de acordo com dados demonstrados em diversos modelos de osteoporose experimental, inibir a perda de massa óssea e favorecer a estimulação dos osteoblastos com uma conseqüente deposição de tecido ósseo. No estudo *in vivo*, na osteopatia experimental por dieta pobre em cálcio e vitamina D em ratos, o ipriflavone apresenta um efeito sobre a densidade e o peso ósseo e sobre o conteúdo de cálcio.

Dessa forma, a suplementação com ipriflavone vem sendo largamente utilizada como terapia e prevenção da osteoporose. Muito embora não existam evidências sobre a necessidade ou dosagem efetiva para pessoas aparentemente saudáveis, muitos atletas como levantadores de peso e fisiculturistas vêm também utilizando essa suplementação.

No mercado de suplementos existem diversas marcas e formas de se consumir a proteína de soja: em pó, cápsulas em gel e até em forma de salgadinhos especialmente tostados. Se for utilizar algum pó, tenha certeza de que seja na forma de proteína isolada.

### 4. Albumina

Suplementos protéicos a base de albumina em pó é uma alternativa, barata e de alto valor protéico, mas não é muito diferente de qualquer outra proteína bruta a não ser a praticidade. É conhecido por produzir muita flatulência em algumas pessoas. Se você for um desses e tiver uma dessas namoradas mais afrescalhadas, cuidado para não envergonhá-las ou deixe bem claro logo no começo que namorar com marombeiro é assim mesmo. A albumina pode ser uma ótima prova de amor verdadeiro, se a gatinha agüentar o seu peido poderá agüentar qualquer outra coisa.

## 5. Creatina

Esta é uma substância que tem ocorrência natural no corpo humano, sendo a principal fonte de energia do músculo. Ocorre que o nosso organismo pode armazenar mais creatina do que normalmente consumimos numa dieta normal (produzimos cerca de 2 gramas por dia). Através do saturamento com creatina podemos obter os seguintes efeitos:

• Aumento do volume celular e conseqüentemente do músculo;

• Melhora da definição muscular (a creatina drena líquido extra-celular para dentro da célula);

• Aumento da energia armazenada o que pode melhorar a resistência, a força, e diminuir o tempo de recuperação entre os treinos.

Preferencialmente, a administração de cretina deve ser realizada em duas fases, fase de saturação com administração diária entre 15 - 30g de cretina por dia durante o período de 5 a 7 dias em doses fracionadas de 5 gramas cada e fase de manutenção, que irá variar de 5 - 10g a ser administradas por dia. Essa variação dependerá do peso corporal do atleta. A creatina deve ser administrada juntamente com uma solução de glicose ou qualquer outra fonte de carboidrato simples para que a sua absorção seja otimizada. Dissolver a creatina em água quente também é pratica comum.

Uma dose diária de 5 gramas sem utilizar a fase de saturação parece saturar a célula após um período de 30 dias de utilização contínua.

Como existem muitos estudos em andamento sobre a ação da creatina no corpo humano, é conveniente ficar atento e se manter atualizado, muito embora até o momento não haja nenhuma comprovação científica sobre possíveis danos pelo uso de creatina como: danos ao fígado e rins, alterações da pressão arterial, etc.

## 6. Gorduras essenciais

As gorduras são formas de energia bastante concentradas, necessárias para o armazenamento de vitaminas (A, D, E e K). As gorduras podem ser saturadas quando derivadas de fonte animal, óleo de coco, gorduras hidrogenadas e parcialmente hidrogenadas (margarinas), essas gorduras só podem ser consumidas com limitações, pois elevam o colesterol, o que pode causar doenças arteriais coronarianas. As monossaturadas, por sua vez, não causam danos à saúde e devem ser as preferidas para regar saladas e cozinhar, a única fonte confiável é o azeite de oliva virgem extra. E por fim, temos as gorduras polissaturadas que dentre outras propriedades positivas, têm a habilidade de reduzir o colesterol plasmático. Nessas categorias se encontram as gorduras essenciais (EFAs), assim denominadas porque precisam ser adicionadas na dieta porque o nosso organismo não pode produzir. Existem alguns tipos de EFAs: ômega 3 derivado da gordura animal, principalmente de peixes de águas frias e ômega 6 de origem vegetal. Dentre outras propriedades, as EFAs auxiliam a queima de gorduras, isso mesmo, gordura queimando gordura, produção de energia, transporte de oxigênio e hemoglobina, síntese de prostaglandis (PGE-1) que é uma substância correlacionada com respostas antinflamatórias, liberação de insulina e de outros importantes processos metabólicos. Alguns especialistas recomendam que um terço da quantidade total de calorias proveniente de gorduras deve ser composta de EFAs, o outro terço do azeite de oliva, sendo o restante proveniente da gordura já contida em alimentos magros como peito de frango, ovos, queijo tipo cottage, carne vermelha magra e cereais.

No mercado nacional encontramos esses suplementos com os nomes de Gamaline ou Prímores da Herbárium e o Proepa da Prodome no mercado internacional. A dose recomendada fica em torno de 1.000 – 4.000mg por dia.

## 7. Refeições líquidas

Quase tudo que você necessitaria de uma refeição bem balanceada, só que em pó. É só misturar com água ou leite desnatado e tomar! Essa é uma nova geração de suplementos que derivam dos antigos *Gainers*, porém, com menos calorias, mais proteínas de alta qualidade, vitaminas, sais minerais, etc. São ótimas para substituir algumas refeições sólidas e tornar a vida mais fácil. Entretanto, não recomendamos a substituição de mais do que três refeições no dia.

Apesar de existirem produtos de alta qualidade no mercado como o Anabolic RX Age, Opti Pro Meal, Met - Rx, RX Fuel, MYOPLEX, etc, todos são pobres em fibras necessárias para o bom funcionamento do intestino e demais funções. Eventualmente aconselhamos nossos atletas a adicionar fibra de trigo e/ou fibra de trigo com gérmen de trigo.

Consideramos os hipercalóricos como, Mass Gainer 4400 Age, Might One e Mega Mass e aqueles suplementos em pó com baixo teor de carboidratos como Diet Shake e Protein Diet que têm como objetivo substituir uma refeição, refeição líquida também. A escolha depende do tipo de dieta em que você esteja engajado. Cuidado com dietas contendo pouquíssimos carboidratos!

## 8. Sports Drinks

São bebidas que garantem a reposição de carboidratos, eletrólitos e às vezes de algumas vitaminas que normalmente são depredadas com o esforço físico. Devem basicamente conter um combinado de carboidratos (glucose, maltodextrina e uma pequena quantidade de frutose) para garantir uma liberação gradual de energia na corrente sangüínea sem causar uma elevação brusca.

Esses líquidos devem ser ingeridos preferencialmente durante a atividade física e logo após esta, sendo que a quantidade, quando em pó, irá variar entre 50 - 75g misturados com muita água potável. Algumas vezes, também são ingeridos em outros horários: durante os dias mais quentes para aumentar a energia. Hydra Fuel, Carbo Fuel, Marathon e Gatorade são alguns exemplos.

## 9. Aminoácidos de cadeia ramificada (BCAAs), L-leucina, L-valina e L-isoleucina

De todos os aminoácidos processados no corpo e liberados na corrente sanguínea 70% são BCAAs. A complementação com os BCAAs evita o catabolismo muscular provocado entre outros motivos, pelo treinamento intenso, estimula a produção de insulina e auxilia a síntese protéica. Recomendamos a administração de BCAAs após o treino sendo melhor ingeri-los com uma fonte de carboidratos para garantir melhor absorção e com a refeição pré-treino também, já que esses aminoácidos também se convertem facilmente em energia. Por isso, alguns atletas que consomem pouquíssimo carboidrato na última refeição do dia fazem com esta os BCAA's. A dosagem varia de 2 a 5 gramas em cada administração. Obviamente, isso depende da intensidade do esforço e do peso corporal.

## 10. Glutamina

A glutamina é o aminoácido livre mais abundante que existe em nosso organismo, perfaz cerca de 60% do total. É um aminoácido não essencial, pois o nosso organismo está apto a sintetizá-lo. A glutamina provavelmente é o aminoácido mais importante no nosso organismo para criar condições anabólicas favoráveis para a construção muscular, promovendo ação anti-catabólica por evitar a degradação protéica e estimular a síntese de glicogênio. A glutamina tem ainda um efeito similar ao da creatina no processo de volumilização intracelular, por atrair água para dentro de célula.

Mas se já produzimos glutamina, por que utilizar complementos?

Sob condições fisiológicas normais, o nosso organismo tem condições de produzir toda a glutamina necessária. Ocorre que principalmente após treinamento intenso, uma grande quantidade de glutamina é utilizada por diversos tecidos do organismo, o que justificaria a administração extra desse aminoácido.

A dosagem efetiva de glutamina deve ficar entre 10 - 15g administrada logo após o treino com solução de glicose para otimizar a absorção. Dosagem inferior demonstra ser inefetiva para efeito muscular tendo em vista que cerca de 50 - 85% da dosagem não deve alcançar o músculo, pois é utilizada pelo intestino como fonte de energia.

## 11. HMB (Beta-hidroxo Beta-metilbutirati)

Essa substância é um metabólito do aminoácido leucina que tem uma ocorrência natural em alimentos de origem animal e vegetal. O HMB também é produzido pelo corpo humano, sendo que a quantidade diária varia de 0,1 a 1,0 grama dependendo da dieta. O milho, algumas frutas cítricas e alguns peixes têm quantidades variadas de HMB. Essa substância pode ser importante para a complementação alimentar do atleta pelo seu potencial anti-catabólico quando administrada em quantias superiores àquela produzida naturalmente pelo nosso organismo ou oferecida por uma dieta normal. Evidências sugerem que até 75% do efeito obtido pelo uso dos esteróides anabólicos residem na sua capacidade anti-catabólica tendo, portanto, mais importância do que a propriedade anabólica propriamente dita. A quantidade diária eficiente é de aproximadamente 3 gramas por dia, o que é 3 vezes superior à quantidade máxima que podemos produzir. O grande obstáculo para a suplementação de HMB é o preço. É atualmente o suplemento mais caro que o dinheiro pode comprar, levando em consideração a dosagem efetiva. É um dos suplementos preferidos por atletas que desejam ficar distante do uso de drogas.

Tal como ocorre com a creatina, esse aminoácido vem sendo bastante pesquisado recentemente.

Observem que a indústria de suplementos é muito sedutora. A cada período parece haver o suplemento da moda. Normalmente, indústrias famintas atribuem poderes fantásticos que modificarão a sua vida e seu corpo. Tudo isso não passa de um grande embuste, na verdade, **atitude** é o que modificará seu corpo. Isso significa controlar a dieta como um todo e não se basear apenas em suplementos alimentares. Treinar com a devida intensidade e ter o poder, mais mental do que físico, para fazer uma repetição a mais em boa forma e não ficar se fiando em suplementos milagrosos. Indústrias sérias não atribuem milagres a seus produtos. Fiquem ligados!

## CAPÍTULO 15

# NO PAIN NO GAIN

Em um de meus artigos para revista Muscle Inform - número 20, abordei um assunto bastante definitivo para quem treina a sério. Sem dor, sem ganho (*No Pain, No Gain*), que foi questionado na revista anterior por um desses tecnocratas da área. Porém, antes da publicação de minha matéria, levaram ao conhecimento de alguns de meus "opositores" para que na mesma revista colocassem sua defesa a fim de provocar uma saudável polêmica. Aí, fui taxado, dentre outras coisas, de usar a imagem de fisiculturistas para me promover e vender fitas de vídeo dentre outras coisas que não tem nada a ver com o assunto principal, tamanha a histeria dessa gente. Estou nessa área porque gosto do que faço, muito embora não tenha intenção de ficar ensinando séries e repetições por muito tempo. Também, tenho consciência que existem outras propostas de trabalho, algumas respeitáveis, mas outras patéticas. Todos os atletas com quem realizei algum trabalho, eu já havia treinado, prescrito treinamento ou tinha intimidade suficiente. Por exemplo, não fui à Inglaterra tirar fotos com o Dorian Yates, como já disseram, de fato conheço e sou amigo de Dorian, antes mesmo de ele ser Mister Olympia. Certas pessoas esquecem completamente que da mesma forma que tenho opositores, também possuo uma legião de amigos e simpatizantes que me trazem notícias. Enfim, certas atitudes parecem partir de hipócritas que mal sabem outro idioma para que possam corretamente se comunicar com atletas importantes.

Outro dia em uma pesquisa, um garoto para se promover, se fazer importante e se auto-afirmar mencionou que em um seminário com o Dorian Yates eu não estava traduzindo as respostas do atleta corretamente, e sim só aquilo que me interessava. É lógico que não dá para traduzir ao pé da letra, nem traduzir algumas perguntas absurdas que podem parecer ofensivas, mas isso, é diferente de sonegação de informação. Existe alguém neste país mais claro e direto quando o assunto é musculação? De qualquer forma, duvido que o idiota tenha conseguido entender sequer 20% do que falava Dorian. O sotaque (*brammy*) da onde Dorian veio sequer é compreendido por outros ingleses, quem dirá por um moleque que possivelmente tenha passado uma temporada nos "States" ou fizera algum desses cursos relâmpago de língua. Eu mesmo levei anos para compreender 100% do que se fala em Birmingham.

Desculpem, de fato isso é uma espécie de desabafo, mas nem Jesus foi unanimidade. A batalha é dura, sei que incomodo muitos tecnocratas, afinal ninguém joga pedra em árvore que não dá fruto. De qualquer maneira, ainda não conseguiram me calar e sei também que falo em nome de muitos de vocês e por isso me sinto honrado.

A seguir reproduzo o meu artigo da revista anteriormente mencionada. No mesmo número, vocês poderão ler o pensamento de meus opositores.

Parece haver pessoas que fazem questão de criar polêmica onde não existe. Tenho a impressão que talvez queiram se parecer inteligentes ou dar relevância ao seu trabalho ou provocar comparações banais.

Vejam, pessoalmente, não conheço nenhum grande atleta do nosso anabólico esporte que não saiba sobre a correta aplicação do volume e intensidade do trabalho e ainda assim acreditam piamente na boa teoria *No Pain No Gain* (sem dor, sem ganho), senão esses atletas não seriam do tamanho que são. Por outro lado, o criador da fraca teoria *Less Pain, More Gain* (menos dor, mais ganhos) e os seus discípulos talvez nunca tenham desenvolvido um físico superior a mediocridade e provavelmente com toda a sua ciência, só conhecem as operações básicas da matemática.

A forte teoria do *No Pain No Gain*, para os bons entendedores, refere-se ao ponto que em perfeita forma de execução, para um dado princípio de treinamento, não se consegue mais realizar outra repetição. Isso é quando levamos a nossa musculatura a falha total e para quem sabe matemática, **falha total não significa massacre total.** Alguns profissionais acreditam que os adeptos do *No Pain No Gain* estejam idioticamente mergulhados em massacrar, e em conseqüência disso, catabolizar os seus músculos. Se fosse assim, atletas como Omar Josef, Gerson Guimarães, Dorian Yates, Nasser Al Sombaty, Tommi Torvildsen e Ernie Taylor não seriam do tamanho que são.

A nossa teoria não tem nada a ver com um absurdo volume e intensidade de treino. A dor é a agradável dor imediata de um treino realizado corretamente e também a dor tardia, que ocorre provavelmente pela migração do aminoácido hidroxiprolina para as terminações nervosas. O atleta ou um bom treinador sabe a diferença entre a dor negativa de um processo inflamatório por sobrecarga excessiva e/ ou pela má técnica na execução dos exercícios e a dor desejável que é um indicativo do processo de hipertrofia. De fato, se a degradação da proteína muscular é elevada durante um treinamento de alta intensidade e ressíntese muscular, também deve ser elevada a fim de promover reparação tecidual e crescimento muscular. Evidências demonstram que o treinamento de alta intensidade eleva a síntese protéica por 24 horas após o treino. Mas isso não quer dizer também que alguém possa treinar o mesmo músculo a cada 24 horas. A idéia não é promover uma quebra exagerada do tecido muscular e sim fazê-la controladamente, enquanto se dá oportunidade para o crescimento muscular.

É por isso que os nossos atletas treinam a alta intensidade hoje e só voltarão a treinar o mesmo grupo muscular depois de 5 a 8 dias de intervalo. Alguns deles, e eu mesmo, utilizam esse processo já há mais de 15 anos e ainda não tivemos uma parada cardíaca ou sequer estamos andando de cadeira de rodas como sugerido no artigo "Treine Menos e Cresça Mais" veiculado no número anterior da Muscle Inform que ainda relaciona *No Pain No Gain* com quanto mais melhor e proclama a fraca Less Pain More Gain como um dizer mais inteligente.

Se eles podem relacionar *No Pain No Gain* com catabolismo, então me dou o direito de relacionar a fraca *Less Pain, More Gain* com aulas de tricô e crochê.

Irmãos de maromba, não se importem, eles não sabem do que estão falando.

Um estudo eclético de todas as tendências de treinamento com pesos pode criar uma ampla e sólida visão se analisada criticamente e aplicada de forma criteriosa. O problema é a confusão em que algumas pessoas se colocam e as constantes mudanças de opiniões, o que acaba por não fazer bem nem a elas e nem a ninguém. Normalmente o conflito provoca crescimento, mas pode levar ao limiar da loucura.

Conhecer todas as tendências religiosas, no mínimo, pode aumentar o nível de cultura de um indivíduo, mas ninguém em sã consciência pode ser muçulmano shiita ou católico e espírita ao mesmo tempo. Existem caminhos diametralmente opostos embora o objetivo final seja, talvez, um só.

Em treinamento é útil se interar de diversos sistemas e, talvez, experimentar alguns. Mas, a não ser que se proponha um novo sistema híbrido, torna-se muito confuso e pouco metodológico flutuar entre uma e outra tendência.

Não conheço nenhuma pessoa seriamente envolvida com o treinamento com pesos que não tenha discutido qual a melhor forma de se treinar. Na realidade, muitos companheiros tendem a se dividir em opiniões opostas: uns advogam muitas repetições enquanto outros advogam poucas repetições, uns preferem utilizar máquinas e outros pesos livre e assim por diante.

**O problema é que essas discussões podem, no mínimo, colocar alguns companheiros em estado de crítica confusão na hora do "vamos ver", ou seja, na hora de montar e aplicar um programa de treino.**

Sabirila[1] ouve em um seminário do Mister Satélite qual o programa que utilizou para construir pernas poderosas e adota a mesma forma milagrosa de treinamento, até ouvir em outro seminário do Mister Planeta outra forma de treinamento e o Sabirila muda de opinião e treino, até o próximo seminário com o Mister Galáxia.

---

*1. Sabirila.* s.m.1. nome comum a todos os símios ou primatas antropóides inclusive o homem com tronco e membro superiores similares a de um gorila e membros inferiores similares a de um sabiá. 2. Indivíduo com desproporção de desenvolvimento físico, que copia a ação dos outros indiscriminadamente.

Cada sistema de treino tem suas vantagens e desvantagens. O importante é selecionar o que melhor funciona para você, entender e aplicar conscientemente o método e eventualmente mudar de método para evitar estabilização dos seus progressos. O corpo humano possui a tendência de se adaptar a um mesmo estímulo repetido de forma que deve a ele ser oferecido um sistema diferenciado de treino para evitar a homeostase.

Lembre-se, a ciência é muito importante, mas nem tudo que está publicado nos periódicos científicos é boa ciência.

Um cientista uma vez treinou uma pulga para pular toda vez que ele tocasse um sino. Usando um microscópio comum, amputou uma das pernas da pulga e tocou o sino de novo. A pulga mesmo assim pulou. O cientista amputou mais uma perna, tocou o sino de novo e a pulga voltou a pular, foi amputando as pernas e notando que a pulga continuava a pular, até que amputou a última perna e voltou a tocar o sino verificando para sua surpresa que a pulga não pulava mais. Então, o cientista proferiu solenemente baseado em dados científicos inegáveis que as pulgas ouvem com as pernas.

Creio que aquelas pessoas, num passado não distante, que proferiram que os esteróides anabólicos não aumentavam a massa muscular e outros teóricos da musculação que mantiveram os nossos atletas em regime de terror, atrasando o esporte no Brasil por mais de duas décadas com mentiras e má ciência, deveriam se sentir como o cientista da fábula, se tivessem um pouco de vergonha.

"Simplicidade e elegância. Essas são as qualidades que inspiram alguns dos maiores artistas a criar suas obras-primas e são precisamente essas qualidades que motivam os cientistas verdadeiros a investigar na busca das leis da natureza". Essa é uma frase mencionada por um dos maiores físicos da era moderna e um dos responsáveis pela teoria das supercordas - Michio Kaku.

Pobres daqueles que desejam fazer da nossa musculação uma ciência de difícil entendimento com teorias inúteis.

**CAPÍTULO 16**

# TREINO OU AULA?

O esforço para mantermos um padrão de comunicação advém dos primórdios do homem há mais de 100.000 anos. Talvez a linguagem tenha sido o fator definitivo para nos diferenciarmos de outros hominídeos. Somos capazes de combinar palavras para formar frases e obter com isso um determinado sentido. Somente o cérebro humano é capaz de captar informações dessa forma, ou seja, a gramática seria o grande diferencial humano!

Chimpanzés podem aprender até 900 palavras em certos casos, mas não podem fazer frases, por outro lado, os homens de bem usam palavras e frases para construir uma civilização melhor para si próprios e para os nossos semelhantes, mas outros insistem em combinar palavras para subjugar e lograr o semelhante ou se fazerem passar por pessoas muito importantes e sábias sempre em benefício próprio ou para camuflar suas próprias fraquezas. Nesse contexto, muitos profissionais da atividade física gostam de salientar que o que ministram em academias e até em clubes desportivos são aulas, incluindo as "aulas de musculação". Essa terminologia é conveniente para aqueles que gostam de sutilmente salientar que "eles" é quem ministram a aula e os alunos os que fazem a aula, ou seja, o professor se coloca na posição daquele que "tudo sabe" e o aluno daquele que "nada sabe". Esperto para quem necessita de se auto-afirmar não?

É bom salientar que um grande número de profissionais usam essa nomenclatura (aula), mas não possuem nenhum caráter deletério, apenas nunca pensaram nisso e são pessoas competentes e muito honestas.

Os amantes das aulas talvez se esqueçam que isso pode ser visto por outro lado: aula é uma aula qualquer e treino não, este precisa ser planejado, periodizado e aplicado com precisão. Além do que, alguém já viu algum atleta ir para a quadra ou campo para ter aula de basquete, futebol ou vôlei? Eles, normalmente, vão para quadra treinar não é mesmo? Ou algum treinador já imaginou que irá dar aula de futebol para o Romário?

Será que algum dia já ministrei aulas de musculação para o Dorian Yates? Que pretensão. É lógico que alguns argumentarão que enquanto um iniciante estiver aprendendo as técnicas de execução dos exercícios, princípios de treino e outros, estarão tendo aulas. Mas até quando estas serão aulas? Será que até às vésperas da estréia no primeiro Mister Olympia, a partir da quinta sessão de treino ou dos 50cm de braço? Dessa forma, preferimos só para uniformizar e simplificar, ministrar treinos desde o primeiro dia do indivíduo na academia.

De qualquer forma, na verdade isso é quase como discutir o sexo dos anjos, seja treinando ou fazendo a "aulinha", faça com seriedade e concentração e nunca se subestime. Enfim, o melhor é calar a boca e treinar.

# CAPÍTULO 17

# O TREINO

> Treino para parte anterior da perna e panturrilha (MMA), 167
>
> Treino para Dorsal e Deltóide Posterior (MMB), 169
>
> Treino para parte posterior da perna, panturrilha (MMC), 170
>
> Treino para Peito e Ombro (MMD), 171
>
> Treino para bíceps e tríceps (MME), 172

Este capítulo não foi dedicado para iniciantes nem intermediários. É sim um resumo do treino avançado. Para realizar um treino avançado é necessário adaptação, embora exista muita gente que parece estar se adaptando a vida inteira. Para algumas pessoas falta um pouco de ousadia, outras são mal orientadas ou são tratadas como pacientes de clínica de fisioterapia, outras são orientadas com muita frescura e acabam apenas por fazer recreação com pesos. Muitas vezes, após apenas alguns meses há possibilidade de se engajar em um treino avançado, mas é bom salientar novamente que adaptação progressiva é necessária.

Na coleção de livros-vídeo "Musculação Total" abordamos as formas de execução dos exercícios no Volume 1, princípios de treinamento no Volume 2 e montagem dos programas de treino no Volume 2 parte 2, esses devem ser utilizados como leitura complementar.

Diz-se popularmente: "No mundo nada se cria tudo se copia". Eu mesmo elaborei um sistema de treino baseado no que Dorian fazia, afinal ele não foi o melhor do bairro, mas o melhor do mundo durante anos. Ele, por sua vez, copiou e adaptou o método *Heavy Duty* de Mike Mentzer, que Deus tenha reservado a ele um ótimo lugar no céu.

Costumo mencionar que devemos nos basear em alguma coisa na vida, eu prefiro me basear no que os melhores do mundo fazem e não em alguma pesquisa hermética realizada em algum lugar inexpressivo do planeta, ou em qualquer trabalho de conclusão de curso que surgiu mais pela obrigação acadêmica do que pelo desejo ou o tesão pelo que se faz. Para mim, a maioria desses trabalhos só tem um destino: a lata de lixo.

O matemático Henri Poincaré mencionou: *O cientista não estuda a natureza porque ela é útil, mas porque se dedica a ela, se não valesse a pena conhecê-la, não valeria a pena viver.*

O nosso sistema é simples como uma equação matemática, que são curtas e organizadas segundo algum princípio. Não podemos olhar o sistema de uma forma cartesiana ou bidimensional, afinal vivemos em um mundo tridimensional, para isso é necessário enxergamos em profundidade. As mentes mais simples ou teimosas podem apresentar uma certa dificuldade para um entendimento completo, mas isso é uma falha educacional. Certas pessoas não sabem sequer as operações básicas da matemática, quem dirá a compreensão de geometria descritiva ou física tridimensional ou outras dimensões que na verdade só simplificam as leis da natureza. Vamos exercitar um pouco a dimensão em que vivemos:

1. Em alto nível não são permitidos erros. Errar a execução de um agachamento a fundo com 10kg nas costas ao se jogar na fase negativa é uma coisa, com 300kg, esses mesmos erros podem representar lesões permanentes.

2. Olhando para o céu podemos estar vendo a luminosidade de uma estrela que sequer existe mais, pois a luz viaja milhões de anos até chegar a nós. Estamos vendo, literalmente, o passado.

3. Nosso contador para séries e repetições é biológico e não de numeração imutável. Somos uma interação de fatores bioquímicos, fisiológicos, psicossomáticos entre outros. Somos organismo vivo e não máquina, portanto não se deixe governar por números. Coisas como 3 séries de 12 do começo ao fim é coisa para robô ou uma verdadeira imbecilidade bidimensional;

4. A menor distância entre dois pontos é uma curva, todo o universo é curvo muito embora aos nossos olhos não pareça;

5. Cada pessoa tem uma disposição genética individual e demais peculiaridades. O que serve para uma pessoa não necessariamente deve servir para outra. Não utilize uma série só porque a viu na fita de treinamento do Mister Planeta ou na revista Mega Hiper Muscle.

Tinha um sujeito na Academia que chegava exatamente no meio de meu treino e fazia questão de ir me saldar com um caloroso abraço e aperto de mão. Como havia recentemente chegado ao Brasil não quis ser muito ríspido, mas após algumas incômodas sessões diárias de saudações em um árduo e concentrado treino de pernas acabei por mandar o cara para "p. que pariu". Obviamente, sem entender, o indivíduo se ofendeu muito. De fato, a maioria das pessoas não faz a mínima idéia do que é um treino concentrado, temos é que responsavelmente educá-las.

Treino sério com pesos é muito similar a uma luta de artes marciais e com a mesma seriedade o levamos. Em cima de um ring ou no Dojo, se você bobear vai a nocaute, na sala de musculação será nocauteado pelos pesos. O indivíduo da história acabou por compreender a seriedade do que fazemos. Em academias sérias isso deveria ser ensinado logo de início. Na Ironworks, após alguns treinos até os mais magrinhos amarram a cara para treinar. Essa é a nossa filosofia. Conversa é deixada para depois com quem não está treinando. Assim é na Templo Gym, academia de Dorian Yates onde treinei por quase 10 anos.

Quem desce as escadarias até o subsolo onde se aloja a Templo Gym, localizada no centro da cidade de Birmingham (Inglaterra) se depara com um ambiente pequeno, teto baixo, penumbroso, com cheiro característico de umidade estagnada e muito barulho, uma mistura de rock pesado com gritos e bater de dumbells e anilha. Pode parecer pouco atrativo para os acostumados em academias altamente higienizadas e herméticas. Não que a Templo Gym seja suja, mas sem dúvida é o melhor exemplo de academia *underground* do mundo.

Mesmo após a era Dorian Yates, que dominou a década de 90, a Templo é local de migração de fisiculturistas de todo o mundo.

Se o telefone toca para chamar alguém que está treinando é perda de tempo:

– Templo Gym, posso ajudá-lo?

– Eu queria falar com David. É urgente.

– David está treinando, não pode atender.

– Mas...

– Não importa quem morreu, eu já disse que ele está treinando (Bate o telefone).

Na Templo Gym o treino é sagrado. Atletas treinam sérios e concentrados. Ninguém se atreve a quebrar a concentração com conversas desnecessárias ou brincadeirinhas. Passar em frente ao espelho quando estiver sendo utilizado para corrigir movimento é falta grave.

Aqui na Ironworks acabamos por criar um ambiente parecido. Quando mudei de volta para o Brasil, resolvi morar em Londrina por ser um lugar com mais qualidade de vida, muito embora o crime tenha chegado em peso por aqui também. Como eu e alguns companheiros éramos mal vistos nas academias locais "porque só queríamos treinar", resolvemos logo montar a nossa academia, onde pudéssemos gritar e jogar os pesos no chão quando necessário.

Em 30 dias estava montada a Ironworks, que rapidamente adquiriu vida própria. Pensávamos inicialmente que teríamos poucos membros, pois afugentaríamos quase todos. De fato, levou alguns meses até as pessoas descobrirem qual era a nossa filosofia de trabalho. Hoje, quando o cabra se matricula sabe que o som é alto mesmo, e se alguém pedir para abaixar provavelmente nós iremos aumentá-lo. Não temos grande objetivo comercial, mas nas 24 horas em que a Ironworks está aberta, temos membros o suficiente para tirar uma graninha extra no fim do mês, e principalmente manter a academia em condições de uso. O nosso público consiste basicamente de pessoas que não estão a fim de frescura, não têm tempo a perder e querem resultado. A classe médica, profissionais liberais, e muita gente séria da cidade freqüentam em peso o nosso ginásio.

A Ironworks é uma academia *hardcore*, mas quem só deseja treinar para saúde é bem vindo. No final acaba virando *hardcore* também e curtindo o ambiente diferente, ou cai fora. *Hardcore* é um estado mental, na verdade um estilo de vida que não quer dizer treinar em um buraco imundo e fazer cara feia para todo mundo o tempo todo; só de vez em quando. *Hardcore* tem a ver com superação e às vezes sacrifício, é viver numa confeitaria e só ingerir alimentos saudáveis, é superar as condições climáticas e criar uma mentalidade para treinar, esteja 40 ou –40 graus, é realizar uma repetição a mais quando pensar que está tudo acabado. Isso é superação, isto é *hardcore*!

O nosso sistema baseia-se em alta intensidade. Quanto maior a intensidade maior o volume muscular. Para compreender mais facilmente podemos olhar para o atletismo. Já repararam a diferença do físico de um maratonista e de um corredor de provas de 100 metros? Pois bem, os corredores de provas curtas são bem mais musculosos e possuem menos tecido gorduroso subcutâneo enquanto os maratonistas são bem magrelos e possuem mais gordura. Assim sendo, podemos calcular que ao realizar nossos exercícios, devemos fazê-lo da forma mais explosiva possível, como um *sprint* de um corredor de 100 metros.

Da física do colegial podemos, ainda, aprender que intensidade ( I ) é igual a massa (peso) vezes a velocidade ( V ) na unidade do tempo ( T ):

$$I = \frac{m \text{ (peso)} \times V}{T}$$

Nesse caso a intensidade é igual a potência. Vejam que pela física quanto maior o peso e/ou quanto maior a velocidade de execução do exercício maior será a intensidade. Ao contrário, quanto menor for o tempo de execução do exercício também maior será a intensidade.

Assim, quando treinamos procuramos fazer de nossa sessão um verdadeiro mergulho em uma piscina. Quando mergulhamos em uma piscina olímpica, nos preparamos física e emocionalmente para emergirmos somente após os 50 metros de mergulho. Por isso não há tempo para parar, cumprimentar outras pessoas, ficar de olho na bunda de ninguém e coisas do gênero.

Agora, como manteremos a intensidade elevada do começo ao fim do treino se existe adição progressiva de carga, vários exercícios com suas séries e número de repetições?

O segredo é realizar os movimentos com mais velocidade na fase positiva do movimento, e quando o peso é mais leve, é controlá-lo sempre na fase negativa. Essa é uma estratégia para o máximo de intensidade, como deve ser um treino de musculação efetivo. Obviamente, isso se aplica se você já estiver adaptado ao treino com pesos. Existem atletas que realizam de 3 a 4 séries; as primeiras não passam de aquecimento, e o atleta só irá treinar sério na última série. Esses atletas estão perdendo tempo e eficiência. Hoje o que se deseja são resultados sólidos com segurança e no mais curto intervalo de tempo. Voltamos ao mergulho na piscina.

Mas como ficaria configurado um treino de alta intensidade dentro dessa filosofia?

Iremos exemplificar agora alguns treinos para as principais regiões musculares baseados em treinos reais realizados por mim mesmo.

Neste tipo de treino, fazemos questão de aquecer muito bem. Assim, ao chegarmos no ginásio realizamos aquecimento geral que irá variar de 5 a 8 minutos na esteira ou bicicleta, seguido de aquecimento nas máquinas para o grupo que irá ser treinado no dia com uma carga de aproximadamente 40% da maior carga utilizada para o exercício e em seguida alongamento. A partir daí é o mergulho na piscina.

Se no dia resolvemos realizar 3 séries de x repetições máximas, a primeira será com aproximadamente 60% da carga maior, carga utilizada na última série. A segunda com aproximadamente 80% e a terceira com os 100%, a mais pesada para um determinado número de repetições (isso não tem nada a ver com carga máxima).

Essas cargas foram ajustadas para as minhas condições individuais em uma determinada época utilizando equipamentos da linha Pró, da Nakagym. Em outros equipamentos, devido sua mecânica e angulações, as cargas certamente serão diferentes.

Saliento que esses são apenas exemplos e que não devem ser utilizados como prescrição. Em musculação, sempre digo que não há receita de bolo.

## Treino para parte anterior da perna e panturrilha (MMA):

| EXERCÍCIOS | 60% REP / CARGA | 80% REP / CARGA | 100% REP / CARGA |
|---|---|---|---|
| Extensão de perna | 14 / 90 | 10 / 120 | 8 / 150 |
| Agachamento | 12 / 120 | 9 / 160 | 8 / 200 |
| Leg Press | — | 10 / 300 | 8 / 400 |
| Agachamento hack | — | 9 / 160 | 7 / 200 |
| Panturrilha em pé | 20 / 150 | 15 / 200 | 15 / 250 |
| Panturrilha sentada | 16 / 60 | 14 / 80 | 15 / 100 |

De acordo com nosso método, estaremos treinando com toda intensidade da primeira repetição do primeiro exercício até a última repetição do último exercício, não importa o peso, importa é que realizaremos cada repetição na melhor forma e com a maior velocidade possível, desde que não percamos o controle do movimento nem utilizemos momento de força. Quando a carga é mais leve, a velocidade é maior na fase positiva, quando a carga é maior, a velocidade da fase positiva diminui, mas a carga mais elevada manterá a intensidade elevada, ou seja, trocamos a carga maior por velocidade menor enquanto oportunamente nossos tecidos se aquecem para carga a 100%.

Observem:

• No primeiro exercício realizamos 3 séries para garantir um melhor aquecimento gradual, no segundo como se trata do primeiro exercício multi-articular da série, também realizamos 3 séries. Nos demais apenas duas séries, por já ter sido garantido um ótimo aquecimento;

• Como procuramos encurtar o treino, realizar 3 séries de todos os exercícios é contraproducente. Devemos na verdade enviar mensagem para que o músculo cresça, e para isso não há necessidade de enviar a mensagem repetidas vezes, o músculo entende a primeira;

• Sabemos que a mensagem foi enviada quando chegamos a falha total do músculo como vimos anteriormente. Para isso, utilizamos princípios como a repetição forçada, na qual um parceiro de treino bem orientado auxilia a realizar de 2 a 4 repetições extras que não seria possível sozinho. O parceiro na verdade dá a menor ajuda possível para o movimento não parar. A maior falha que ainda observo em vários treinamentos é auxiliar demais, o parceiro acaba fazendo o exercício por você. O parceiro de treino, às vezes, tem piedade do outro para que este tenha clemência quando ele for realizar o exercício. Isso fica no subconsciente;

• Para panturrilha, utilizamos 3 séries para cada exercício por se tratar de um grupo muscular de fácil recuperação devido a natureza das fibras musculares e do sistema de alavanca.

## Treino para Dorsal e Deltóide Posterior (MMB)

| EXERCÍCIOS | 60% REP / CARGA | 80% REP / CARGA | 100% REP / CARGA | + Nº DE FORÇADAS CARGA |
|---|---|---|---|---|
| Pull over | 15 / 80 | 12 / 120 | 10 / 150 | |
| Remada curvada | 10 / 100 | 8 / 130 | 8 / 170 | +3 |
| Remada unilateral | | 7 / 70 | 6 / 86 | +3 parciais |
| Remada na máquina | | | 10 / 150 | +3 |
| Remada na barra (supinada) | | 10 / 120 | 8 / 150 | |
| Crucifixo invertido | 12 / 16 | 10 / 20 | 8 / 24 | +3 / 12 |
| Levantamento Terra | 10 / 100 | 8 / 140 | 6 / 180 | |

• Gostamos de começar a série para dorsal com o *pull over* na máquina como forma de pré-aquecer o grupo muscular, que muitas vezes é minado devido à fadiga do bíceps que trabalha como sinergista dos movimentos;

• Realizamos normalmente de 2 a 3 exercícios com empunhadura neutra, um com empunhadura supinada e um com empunhadura pronada, para trabalhar diferentes ângulos dos músculos dorsais;

• Apenas na remada unilateral, utilizamos o princípio de repetição parcial, mesmo porque é difícil o auxílio para repetição forçada;

• Quando realizamos o levantamento terra, aquecemos logo antes realizando algumas repetições de hiperextensão lombar e abdominais. Essa estratégia também é realizada no aquecimento antes do treino de dorsal e de pernas também.

## Treino para parte posterior da perna, panturrilha (MMC)

| EXERCÍCIOS | 60% REP. / CARGA | 80% REP. / CARGA | 100% REP. / CARGA |
|---|---|---|---|
| Flexão de perna | 14 / 80 | 10 / 100 | 8 / 140 |
| Flexão de perna unilateral | — | 9 / 40 | 8 / 50 |
| Flexão de perna sentado | — | — | 10 / 140 |
| Panturrilha sentado | 20 / 60 | 16 / 80 | 16 / 90 |
| Panturrilha em pé | 20 / 150 | 18 / 180 | 15 / 230 |

• Dividir o treino de pernas em dois é muito interessante, principalmente para os *sabirilas*. É possível assim concentrar mais força para um treino realmente intenso;

• Nesse treino repetimos panturrilha, porém com carga ligeiramente inferior e maior número de repetição. Para os geneticamente mal dotados em panturrilha, como eu mesmo, a batalha é dura. Conheço pessoas que treinam até 4 vezes por semana. Em caso extremo, não passaria de 3 treinos por semana alternando volume (treino com mais repetições) e intensidade (treino com maior carga).

## Treino para Peito e Ombro (MMD)

| EXERCÍCIOS | 60% REP. / CARGA | 80% REP. / CARGA | 100% REP. / CARGA | + Nº DE FORÇADAS CARGA |
|---|---|---|---|---|
| Supino reto | 12 / 100 | 9 / 140 | 7 / 160 | +3 |
| Supino inclinado | | 10 / 100 | 7 / 120 | |
| Supino inclinado (máquina) | | | 8 / 40 cada lado | |
| Crucifixo | 12 / 30 | 10 / 40 | 8 / 55 | +2 |
| Lev. lateral | 12 / 20 | 10 / 30 | 8 / 36 | +4 parciais |
| Lev. lateral no cabo | | | 8 / 25 | +3 |
| Remada alta | | 10 / 50 | 8 / 60 | |
| Desenvolvimento | | 10 / 80 | 9 / 100 | +3 |

• Cuidado, sabemos que realizar supino bem pesado parece ser questão de honra para alguns, mas o peitoral é um dos músculos que mais se rompe, portanto, aqueça bem antes de começar. Treine o seu corpo não o seu ego;

• Após supino reto e inclinado, resolvi fazer mais uma série em máquina de alavanca convergente, pois sobrava um gás. Às vezes não dá. Em alguns treinos só utilizo as máquinas de alavancas;

• Na última série de levantamento lateral realizei mais 4 repetições parciais a fim de esgotar toda capacidade do músculo de produzir movimento;

• Os exercícios para ombro de pré-exaustão uni-articulares foram realizados primeiro porque depois de treinar peitoral, é necessário descansar os sinergistas tríceps.

## Treino para bíceps e tríceps (MME)

| EXERCÍCIOS | 60% REP / CARGA | 80% REP / CARGA | 100% REP / CARGA | + Nº DE FORÇADAS CARGA |
|---|---|---|---|---|
| Rosca direta | 12 / 50 | 10 / 60 | 8 / 70 | +3 |
| Rosca testa | 12 / 40 | 9 / 50 | 7 / 70 | +4 |
| Rosca concentrada | — | 10 / 20 | 7 / 30 | +3 parciais |
| Extensão tríceps no cabo | — | 12 / 50 | 8 / 65 | +3 |
| Rosca scott | — | — | 7 / 60 | +3 negativas |
| Tríceps kickbacks | — | 10 / 14 | 7 / 18 | — |

• Nesse treino alternamos tríceps e bíceps, nessa estratégia enquanto um músculo está sendo treinado, o seu antagonista descansa e se recupera. Essa é uma boa opção se você deseja incentivar o treino para os braços e conveniente para aparecer com esse importante "órgão sexual" inchado no fim de semana. *Enjoy*!

A divisão semanal deste treino é a seguinte:

| Seg. | Ter. | Qua. | Qui. | Sex. | Sáb. | Dom. |
|---|---|---|---|---|---|---|
| MMA | MMB | Free | MMC | MMD | MME | free |

Não tenho intenção de afirmar que esse é o melhor sistema, mas é fato que diversos atletas se sagraram campeões utilizando-o. Existem várias propostas em torno do planeta. Para verificar o melhor para suas condições individuais, terá que testá-los por algum tempo. Maiores detalhes são esclarecidos na "Coleção Musculação Total".

Bom Treino!

# CAPÍTULO 18

# O MUNDO ASSOMBRADO POR KATE MOSS E PELA FEITICEIRA

Na cidade de Birmingham, mora o Chef de cozinha Gary. Fisiculturista amador, obcecado por si mesmo e fã número um do Conan desde criança. Gary está pronto a pagar qualquer preço para otimizar o seu desenvolvimento muscular. O mundo gira em torno de si mesmo em detrimento da esposa e do filho recém-nascido. Tudo gira em torno do seu treino, suas refeições, seus suplementos e seus esteróides que não podem faltar. Apesar de já ser bem desenvolvido fisicamente, Gary está constantemente se comparando com os atletas profissionais e se achando muito "pequeno". Com o passar do tempo a sua esposa insatisfeita com o autocentrismo e a indiferença de Gary pela família resolve deixá-lo e viver sozinha com o filho. Gary na verdade sente um alívio, só sente falta, mesmo, das refeições religiosamente preparadas pela cônjuge.

Por aqui, Orlando fã de Van Dame desde criança não pára de se olhar no espelho. Na academia depois de cada exercício, faz uma pose. Não se constrange em baixar a calça sistematicamente ficando só de cuecas na frente de desconhecidos para averiguar os progressos de suas coxas. Já passou por diversos parceiros de treino porque ninguém o suporta por muito tempo. Exige que a ele seja dada atenção total na hora em que está realizando seus exercícios ou montando seus pesos; mas na hora que tem que retribuir, lá está Orlando de novo de frente para o espelho fazendo poses. O motel é o seu lugar predileto de lazer, não pelo sexo, mas porque é repleto de espelhos. Lá está Orlando se admirando de novo em detrimento da parceira que voltará para casa mais uma vez desiludida e sem gozar. Fisiculturistas verdadeiros utilizam o espelho para posar e se avaliar periodicamente, não de forma obsessiva.

Companheiros, tenho dó de muitas esposas e namoradas que mantém relações unilaterais com esse tipo deletério de gente.

De volta a Inglaterra, encontramos Sally, fã de Kate Moss. Kevin seu namorado, costumava levar Sally (modelo teen 1,78m, olhos azuis piscina e magérrima) para jantar nos melhores restaurantes de Birmingham. Por lá refeições desse tipo são divididas em etapas. Uma entrada com pães, torradas e patê, sopa de legumes, o prato principal (algo como pato assado com batatas e vegetais), torradas com queijos diversos e a sobremesa a seguir (muffins ou *chessecake* com sorvete). Kevin e Sally gastavam cerca de 2 horas para comer a sua farta refeição de fim de semana a um preço de aproximadamente 90 libras (cerca de 137 dólares) acompanhado de vinho. Ótimo programa, se não fosse o costume de Sally, logo após o término da refeição de, discretamente direcionar-se ao toalete e em menos de 30 segundos vomitar voluntariamente tudo o que havia comido em 2 horas, sem mesmo ter que colocar o dedo na garganta. Sally retornava a mesa como se nada tivesse acontecido para um "chazinho digestivo".

Em 6 meses de relacionamento, Kevin já havia levado Sally 3 vezes ao hospital com severa perda eletrolítica e à beira de uma parada cardíaca.

Os nomes são fictícios, mas as histórias são verdadeiras e refletem distúrbios diametralmente opostos, mas correlacionados como estudaremos a seguir.

A anorexia nervosa é uma doença caracterizada por muita perda de peso induzida ou sustentada pelo próprio paciente. O distúrbio afeta comumente garotas adolescentes e mulheres jovens, mas garotos adolescentes e homens maduros também podem ser afetados, como também pode afetar crianças se aproximando da puberdade e mulheres mais velhas próximas da menopausa.

Apesar das causas da anorexia não serem totalmente esclarecidas, existe uma crescente evidência de que a interação de fatores sócio-culturais e biológicos contribuem para a causa, uma espécie de combinação entre mecanismos psicológicos e vulnerabilidade da personalidade. O distúrbio é associado com subnutrição que acaba por resultar em alterações endócrinas, mudanças no metabolismo e em outras funções do organismo. A partir daí, sobram algumas questões a serem esclarecidas correlacionadas com diversas formas de comportamento, tais como: opção pela restrição alimentar auto-induzida (anorexia), **excesso de exercícios físicos**, vômito auto-induzido (bulimia) e conseqüente desequilíbrio eletrolítico.

Observem que a perda descontrolada de eletrólitos causa câimbras musculares e como o coração também é músculo, a ocorrência de uma parada cardíaca pode ser eminente e fatal.

Muitas garotas se preocupam em demasia com a sua aparência física. Elas acham que não aparentam fisicamente como a sociedade gostaria. Estatísticas demonstram que 89% de garotas americanas se preocupam com isso o tempo inteiro. Na verdade, os próprios meninos esperam que as garotas se pareçam com modelos de revistas.

Esse é um problema muito delicado, pois estamos lidando com auto-imagem e autoconfiança. Muitas vezes inocentemente podemos tentar afirmar que a pessoa não vale como ela se parece por fora e sim por dentro. Mas se fosse tão fácil assim, por que tantas pessoas sofreriam com isso?

Sou da opinião de que a mídia tem uma grande parcela de culpa nisso ao vender imagem de mulheres perfeitas em revistas, só que a maioria são tratadas por computador e não representam a pessoa como ela realmente é, ou seja, são imagens irreais.

Agora, se a mídia não tivesse tanta parcela de culpa assim, porque nossas avós não estavam preocupadas a tal ponto com a sua aparência e viviam de bem com estrias e celulite?

Esse distúrbio teve uma evolução mais drástica nos últimos 30 anos tendo como pano de fundo o padrão de beleza imposto: "ser magra é ser bela e, portanto feliz". Esse comportamento surgiu com os modelos Twiggy nos anos de 1960, e ganhou força nos anos de 1990 com a modelo magérrima Kate Moss. Muitas mulheres desejando ter um corpo esbelto, passam a travar uma luta contra a sua própria natureza na ânsia de emagrecer, mesmo sem necessidade nenhuma.

Recentemente, um interessante transtorno dismórfico diametral-mente oposto à anorexia foi sugerido pelo Dr. Eric Hollander, da Escola de Medicina Monte Sinai, em Nova Iorque. Nessa patologia, o paciente se preocupa com pequenos ou imaginários defeitos. A patologia foi denominada de bigorexia (dismorfia muscular). Os anoréxicos se consideram gordos, não importa o quão magro estejam. Os bigoréxicos se consideram franzinos, não importa o quão grande sejam.

As anoréxicas são assombradas por Kate Moss e bonecas Barbie, as bigoréxicas são assombradas pela supermalhada Feiticeira. Já os nossos garotos são assombrados com bonecos super musculosos. Nossos jovens são assombrados por Conans, Van Dames e Rambos. Qual de vocês marombeiros não foram alvo das atenções de garotinhos na faixa dos 5 aos 7 anos que pensavam que vocês eram verdadeiros heróis que saíram dos desenhos animados?

Não considero proibitivo utilizar uma imagem como referência, desde que seja apenas um estímulo para que possamos conseguir um objetivo similar na vida ou mesmo superá-lo de uma forma saudável. Se a Feiticeira e o Arnold conseguiram suas conquistas é porque possuem os devidos méritos que podem ser seguidos e utilizados como estímulo para que você também consiga suas vitórias.

Há muitas pessoas que ficam obcecadas por uma imagem, o que pode, às vezes, ter origem em disfunção psíquica.

Uma forma exagerada de considerar que algo não está bem parece estar correlacionado com disfunções químicas. Nesses casos, o tratamento tem a ver com a manutenção dos níveis de serotonina no cérebro, tal como na depressão.

Se o nível de serotonina está baixo no cérebro, não é possível desligar a campainha mental que soa quando as coisas não estão bem e continua soando mesmo quando as coisas estão bem.

Observem que o fisiculturismo pode ser muito saudável, mas as pessoas afetadas por essa disfunção acabam por deixar que o seu treinamento interfira nas relações familiares e com os amigos, no trabalho e na manutenção da saúde.

Jamais devemos sustentar sonhos impossíveis ou sacrificantes demais para as nossas estruturas emocionais. Devemos sim, traçar um plano saudável para que controladamente possamos conquistar nossos objetivos sem que percamos a saúde física e mental.

Se você não está agüentando consigo mesmo, está se achando a melhor obra que Deus já colocou na terra ou passa o dia inteiro obcecado pela panturrilha que não cresce ou o abdômen que não define, talvez devesse pensar na hipótese de procurar um especialista, não em injeção localizada, mas um psiquiatra. Veja que isso não é demérito para ninguém, manias obsessivas compulsivas são muito comuns. Veja que psiquiatra não é apenas para o absolutamente louco. A ajuda de um especialista pode mudar o rumo de sua vida, mas o primeiro passo é ser autocrítico o suficiente e aceitar uma ajuda e quem sabe tratamento. Não estamos adaptados fisiologicamente para viver num mundo com tantas informações. A nossa evolução percorre milhões de anos, mas o grande avanço tecnológico não tem mais do que 100 anos. Se computarmos o advento do telefone, rádio, TV, fibras óticas e informática reduziremos esse processo para algumas décadas apenas. Não tivemos tempo para adaptação, daí tantos distúrbios emocionais.

Durante milhões de anos não tivemos gigantes fisiculturistas andando pelo planeta. Imaginem se o Mister Olympia de hoje fosse projetado nas primeiras Olimpíadas na Grécia, o que pensariam dele....achariam que a criatura veio de outro planeta. Agora, imaginem um gigante emocionalmente descontrolado andando livremente pelas ruas...eu mesmo imagino essa figura como uma ameaça para a sociedade.

A conquista do sonho de um corpo "sarado" começa com uma mente saudável.

# Últimas palavras

O homem vivendo em condições naturais tem um limitado suprimento de alimentos, mas também é despojado do egoísmo, o que caça ou coleta é dividido entre sua pequena tribo, pois sabe que em outra hora algum outro companheiro também dividirá com ele o que caçou. A natureza é repleta por diversidades, podemos identificar gorilas com mais de 200 quilos a pequenos roedores pesando gramas. E nós humanos, como parecemos no meio natural?

Se você necessita identificar um homem primitivo, vá aos livros de antropologia ou na savana africana onde, provavelmente, iniciou a vida de nossos ancestrais. O homem natural da era paleolítica é lânguido, mas musculoso. Com o advento da idade agrícola, parece que perdemos massa muscular e acumulamos mais gordura corporal. Observem os nossos índios vivendo nas florestas ou o homem nômade da savana africana. Definitivamente, a maioria dos leitores deste livro os acharão bem magros. Não há dúvidas que nós fisiculturistas não somos a representação do homem em seu estado natural, de fato, isso é quase o oposto, buscamos, é bem certo, um físico altamente antinatural, para alguns até bizarro. O nosso físico pode não ser natural como os seios da Pamela Anderson, mas é assim que queremos parecer e ponto final. Não é isso o livre arbítrio? Porém, se for para você se tornar um verdadeiro monstro social em função de uma obsessão, é melhor parar de treinar com pesos e procurar algo mais útil para fazer.

Companheiros, desde o meu primeiro livro não paro de receber telefonemas, Deus sabe como conseguem meu celular, e-mails e cartas perguntando coisas interessantes que eu também não sei responder e coisas ridículas, como dinheiro para comprar anabolizantes, ou perguntas banais sobre como administrar creatina. Camaradas, pensem antes de se comunicar ou poderei recomendar que usem creatina via supositório.

Um abraço a todos,

Waldemar Guimarães.

# Literatura recomendada

LLEWELLYN, W. **Anabolics 2002**. Patchogue, NY. Molecular Nutrition. 2002.

BENNET GROUP. **Chemical Warfare "The Anabolic Edge"** England, Stockport, 1995.

BACURAU, R.F.; NAVARRO, F.; UCHIDA, M.C.M e ROSA, L.F.B.P.C. **Hipertrofia Hiperplasia: Hipertrofia, Nutrição e Treinamento**. São Paulo: Phorte Editora, 2001.

SIMÃO, ROBERTO. **Fundamentos Fisiológicos para o Treinamento de Força e Potência**. São Paulo: Phorte Editora, 2003.

GUIMARÃES NETO, W. M. **Musculação Anabolismo Total**. 6ªed. São Paulo: Phorte Editora, 1999.

GUIMARÃES NETO, W. M. **Diário Prático de Treino com Pesos**. 2ªed. São Paulo: Phorte Editora, 1998.

GUIMARÃES NETO, W. M. **Técnica de Execução dos Exercícios**. São Paulo: Phorte Editora, 1999. Volume 1.

GUIMARÃES NETO, W. M. **Princípios de Treinamento**. São Paulo: Phorte Editora, 2000. Volume 2.

GUIMARÃES NETO, W. M. **Preparação Física com Utilização de Sobrecargas nos Esportes de Luta**. São Paulo: Phorte Editora, 2001. Volume 4.

GUIMARÃES NETO, W. M. **Montagem dos Programas de Treino**. São Paulo: Phorte Editora, 2002. Volume 2 - Parte 2.

## Sites recomendados

www.ironworks.com.br
www.wanderleisilva.com.br
www.muriloninja.com
www.brutalguimaraes.cjb.net
www.dorianyates.net
www.npng.com.br
www.nutrilatina.com.br
www.movimentomuscular.com.br

# Galeria de Fotos

A seguir uma seleção com fotos de alguns camaradas que estiveram conosco nos últimos anos.

▲ Dorian Yates aquecendo para o seu último pose down.

▲ O maior dorsal de todos os tempos.

◀ O meu grande amigo Sargent Major Leroy Davis.

Azam: Este camarada se mantém nesta condição praticamente o ano inteiro, sendo mais um dos membros permanentes da Templo Gym.

Arnie Taylor posando com a supervisão de Leroy.

Tommy Thorvildsen em condição pré-competição.

Nasser Al Sombaty e Waldemar Guimarães treinam na academia Sangiovanni (Agosto de 2002).

Waldemar Guimarães pesando o atleta Nasser Al Sombaty em Junho de 1998 (155kg *off-season*).

Duda Jankovich: ▶
Concentração e
disciplina.

▲ Lohani Rochi, Pro Bodybuilding,
várias vezes campeã britânica.

Gerson Guimarães, um dos melhores fisiculturistas do Brasil. ▼

▲ A nossa grande campeã Branka Cosic.

Luciana Oliveira e Duda Jankovich.

Duda Jankovich, Waldemar Guimarães e Monica Brant.

Ismael Souza

Marcelo de Paula:
Seriedade e amor
ao fisiculturismo.

Waldemar Guimarães, Wanderley Silva e Murilo Ninja.

Wanderley Silva:
Um verdadeiro mito
do Vale-Tudo.

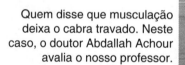

Quem disse que musculação deixa o cabra travado. Neste caso, o doutor Abdallah Achour avalia o nosso professor.

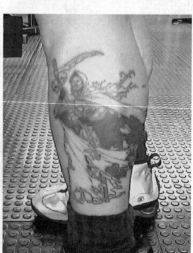

Não é de Henna!

Waldemar como jovem cadete do exército, antes...

...e depois. Algum progresso, apesar da genética não muito favorável.

Ó pra vocês de novo!

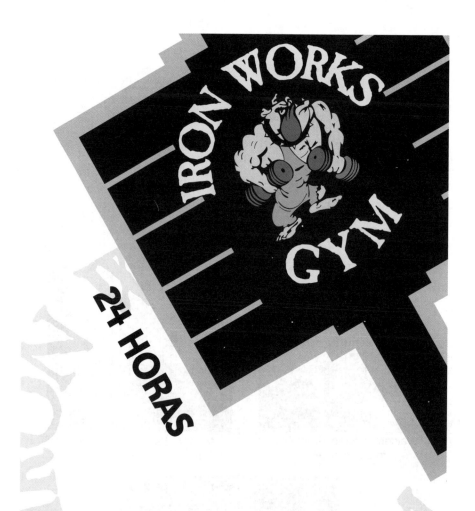

Atendimento individualizado, Seminários e Treinamento in loco para professores, instrutores e técnicos desportivos com o Profº Waldemar Guimarães.

**Contato**
Fone (43) 3336-5848
mtotal@sercomtel.com.br